«You are honest, serious and belong to people I love and respect. (Eres honesto, serio y perteneces a ese tipo de personas que admiro y respeto.)»

Andrei Gavrilov, pianista

«Bravo, Agustín Manuel Martínez, qué increíble trabajo de gran interés para docentes actuales y futuros.»

Mar Cabezuelo, pianista improvisadora, compositora y profesora

«Genio educativo de la blogosfera.»

Alberto García, Amigos de la Marca España

«Un músico y pedagogo admirable. Posee amplios conocimientos de campos como la psicología, filosofía, sociología, etc., que le permiten tener una visión privilegiada de su actividad, la cual realiza de forma extraordinaria.»

Guillermo Dalia, psicólogo especializado en músicos

«Enhorabuena por tu trabajo, constancia y buen hacer.»

Joan Maria Martí, musicólogo y profesor de didáctica musical

«Verdadera maestría.»

Joan Pinardell, artista

«Lleno de creatividad, realmente impresionante.»

Alberto González Calderón, pianista

«Sugerente, refrescante, y con una gran dosis de practicidad y motivación.»

José Luis Echechipía, organista profesional

«Reflexiones todas muy acertadas para meditarlas sobre todo por los verdaderos músicos que quieren evolucionar, creo que estás ayudando a muchas personas a replantearse ciertas incógnitas que surgen en el estudio de la música.»

Pedro Salvatierra, concertista de piano y profesor

«Muy buena labor didáctica ayudando a tantos aprendices de piano sedientos de este tipo de enseñanzas.»

Alberto Betancourt, Pianoaprimeravista

APRENDE A IMPROVISAR
AL PIANO

Agustín Manuel Martínez

APRENDE A IMPROVISAR
AL PIANO

MA
NON
TROPPO

© 2016, Agustín Manuel Martínez

© 2016, Redbook Ediciones, s. l., Barcelona

Diseño de cubierta: Regina Richling

Producción: ebc, serveis editorials

ISBN: 978-84-945961-3-1

Depósito legal: B-22.918-2016

Impreso por Sagrafic, Plaza Urquinaona 14, 7º-3ª 08010 Barcelona

Impreso en España - *Printed in Spain*

«Los malos músicos solo oyen sonidos y no la música. Los mediocres podrían oírla, pero no la escuchan. Los medianos oyen lo que han tocado. Los buenos músicos escuchan lo que van a tocar. Los artistas oyen lo que aún no está escrito.»

E. Willems

«El piano es para mí mi lengua, mi vida, mi yo.»

F. Liszt

«*Ex nihilo, nihil fit* ('De la nada, nada viene').»

Parménides

ÍNDICE

PRÓLOGO

¿Qué pasaría si todas tus ideas musicales pudieras plasmarlas con el piano de manera inmediata e instantánea? ¿Te parece una utopía? Pues no lo es. En realidad es lo que han hecho siempre todos los músicos que han comprendido el funcionamiento del lenguaje musical y de su instrumento de una manera intuitiva, progresiva y significativa.

La educación musical debe, hoy más que nunca, poner en el centro del proceso de enseñanza-aprendizaje el desarrollo de las capacidades musicales a partir de la propia necesidad de expresión, y para ello es esencial un enfoque didáctico que emplee estrategias que fomenten la creatividad personal. El músico actual debe entender que su futuro profesional va a estar vinculado a su capacidad de creación, de exteriorización y expresión musical.

La improvisación musical es un motor muy potente para el aprendizaje. En este libro se proponen infinidad de ideas, sugerencias, ejercicios, actividades y juegos que permitirán al lector acceder al, en apariencia, complejo mundo de la música, que en realidad, según las últimas investigaciones en neuroeducación, es accesible a la mayoría de la población siempre que los enfoques didácticos sean los adecuados.

Agustín Manuel Martínez, experto en la materia, ha realizado un extenso y completo trabajo de compilación de recursos para que el lector se pueda introducir en la improvisación en distintos estilos musicales. Me ha resultado gratamente llamativa la recopilación tanto de escalas como de células rítmicas características y esquemas armónicos, de diferentes épocas y estilos, información difícil de encontrar en una misma publicación y que será de gran utilidad no solo a los improvisadores sino también a los docentes de música en general.

El aspecto lúdico y exploratorio de este volumen permite trazar distintas rutas de aprendizaje en función de las necesidades y del momento evolutivo tanto musical como técnico del lector. Especialmente interesantes son, también, las ideas para adentrarse en las nuevas tecnologías aplicadas a la música.

Estoy convencido de que esta publicación que tienes delante te abrirá la mente a nuevas posibilidades musicales y actualizarán tus competencias creativas. Para mejorar solo hay que atreverse a descubrir y recorrer nuevas sendas. ¡Disfruta de tu propia aventura musical!

MIGUEL BASELGA
Pianista y profesor en la Real Escuela Superior
de Arte Dramático de Madrid (www.resad.es)

INTRODUCCIÓN

La música es un fenómeno inherente a la condición humana. Todas las sociedades y culturas se han expresado a través de ella como manifestación de una pulsión física, emocional e intelectual.

La música está presente en la vida de las personas desde su nacimiento y se manifiesta en infinidad de ámbitos y momentos, nadie escapa a su influencia. Aquellas personas que logran interiorizarla y son capaces de crearla aumentan sus capacidades de autoexpresión y su creatividad. Además, según los últimos estudios neurofisiológicos aplicados, la práctica musical desarrolla las habilidades ejecutivas del cerebro, ya que se tienen que tomar decisiones de manera simultánea y se ha de realizar una coordinación precisa entre el cuerpo y la mente. Es más, se ha demostrado que un año de práctica musical en la infancia configura la estructura cerebral y estos cambios permanecen toda la vida.

Animarse a practicar música interpretándola con un instrumento (bien sean creaciones propias en tiempo real o ajenas leídas en partitura, o hasta incluso ajenas en tiempo real, caso de la *soundpainting*, o pintura del sonido en inglés, en la que la improvisación de un «director» es transmitida en el acto mismo a los intérpretes —músicos, actores, bailarines, artistas visuales...— mediante señas, un lenguaje universal de señas para la composición multidisciplinar, y en vivo) no debería tener edad y es altamente recomendable por los beneficios físicos, emocionales e intelectuales que produce.

La improvisación es «como una manera de hablar en música» e implica el conocimiento de los elementos musicales y la capacidad de combinarlos. Es una puesta en práctica de la creatividad, la capacidad musical y la personalidad del creador.

La educación musical tradicional hace, en ocasiones, demasiado hincapié en la capacidad de leer y reproducir una partitura y deja de lado el descubrimiento de la música a través de la exploración sonora y el desarrollo holístico de la comprensión de la música.

Cuando se aprende una lengua no se puede pretender crear bellos sonetos si antes no se conoce esta. Se podrán copiar o recitar, pero la creación parte, por un lado, de una necesidad de autoexpresión, y, por otro, del dominio del lenguaje. En el caso de la improvisación musical es preciso además un dominio técnico del instrumento que no debe desligarse de las dos capacidades mencionadas.

Para desarrollar la capacidad creativa es necesario permitir y abrazar la experimentación y el error como parte del proceso, centrarse en los pasos que hay que seguir en lugar del resultado final, que será más fructífero cuanto más rico sea el mundo sonoro del creador-improvisador.

¿Cómo usar este libro?

En este libro se encontrarán actividades secuenciadas por orden de dificultad, de manera que el conocimiento se vaya construyendo de una forma consistente. Todo pianista debe incluir la práctica improvisatoria desde sus inicios y para ello se ha procurado atender diferentes niveles de destreza musical, desde quien realiza su primer acercamiento hasta aquellos que ya poseen un nivel amplio tanto del lenguaje musical como de la armonía y de la improvisación. Estos últimos dispondrán de actividades de nivel avanzado y podrán desarrollar su lenguaje improvisatorio de una manera más completa y global explorando otros estilos.

En este libro se va a encontrar un planteamiento de aprendizaje por descubrimiento en el que las diferentes actividades se propondrán a modo de juego o exploración (en los ítems denominados «JUEGO», que pueden implicar a varios jugadores o improvisadores y sirven para familiarizarse con el instrumento, y «EXPLORA», más centrados en el desarrollo del propio lenguaje musical expresivo) que permitan la manipulación y la variación de elementos musicales. Intercalados con el texto encontrarás sugerencias de palabras para tu propia investigación y profundización (en los ítems denominados «INVESTIGA»).

Se recomienda realizar su lectura con un teclado (o incluso una aplicación en móvil o tableta, por ejemplo) o piano, para la aplicación práctica de las actividades propuestas y su comprensión inmediata.

En este libro se condensan más de tres décadas de práctica improvisatoria del autor y más de veinte años de ejercicio docente de los contenidos de la materia; por lo tanto, los recursos que se ofrecen han sido pedagógicamente probados en el aula en alumnos de diferentes niveles de competencia pianística.

Se ha realizado una recopilación exhaustiva de ritmos, escalas y esquemas armónicos que no existe en ninguna otra publicación previa sobre la temática, de modo que el improvisador puede acudir a ellos como fuente de inspiración y de conocimiento.

Se han utilizado diversos sistemas de notación en distintos capítulos con el fin de clarificar el discurso, usando el más sencillo en cada momento, y para que el lector se familiarice con los mismos conceptos representados de distintas maneras como herramienta didáctica de apertura mental (una misma idea representada con diferentes términos ayuda a una asimilación más profunda y global de la misma).

Se ha optado por utilizar una notación accesible a todos aquellos que quieran acercarse al mundo de la improvisación independientemente de su nivel de lectoescritura musical convencional. Básicamente, se han empleado los nombres de las notas (que, salvo que se indique lo contrario, han de practicarse en sentido ascendente siempre, es decir,

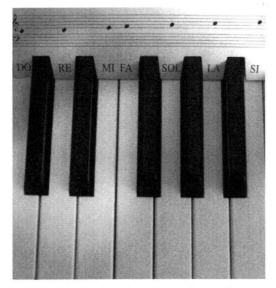

Correspondencia tecla, nota, grafía

de izquierda a derecha del teclado). Por lo que se refiere a los nombres de las notas en cifrado latino la mayoría de las personas están perfectamente familiarizadas con ellos. Además, existe una equivalencia con números arábigos (el llamado sistema «digital») para representarlas en las ocasiones en que es útil para transportar, con números romanos para representar los grados de la escala o los acordes que se pueden construir desde ellos y su transporte y también con cifrado americano o moderno (con letras), así como duraciones de sonidos con su correspondiente leyenda para el apartado de recursos rítmicos.

do	do# reb	re	re# mib	mi	Fa	fa# solb	sol	sol# lab	la	la# sib	si
1	s1 b2	2	s2 b3	3	4	s4 b5	5	s5 b6	6	s6 b7	7
I	I< II>	II	II< III>	III	IV	IV< V>	V	V< VI>	VI	VI< VII>	VII
C	C# Db	D	D# Eb	E	F	F# Gb	G	G# Ab	A	A# Bb	B

s y < significan subir un semitono respecto de la escala diatónica Mayor.
b y > significan bajar un semitono respecto de la escala diatónica Mayor.

Los primeros capítulos abordan el marco conceptual de la improvisación musical, sus beneficios y cómo se desarrolla, para adentrarse posteriormente en el descubrimiento del instrumento a partir de propuestas de juegos y otras actividades introductorias. La melodía, el ritmo y la armonía se comienzan a desmenuzar en los siguientes capítulos, y una vez se comprende cómo desarrollar estos elementos se ofrecen ideas para improvisar en diferentes estilos así como un amplio compendio de recursos, también ordenados por aspectos melódicos (escalas), rítmicos (células) y armónicos (esquemas).

Con todo este caudal de ideas, propuestas prácticas y recursos el lector, podrá finalmente aplicarlo a la creación de su propia canción u otro tipo de creación musical.

Hay que tener presente que el siglo XXI ofrece infinidad de herramientas tecnológicas que serán de gran ayuda para el objetivo de este libro. Dado que son recursos que están en constante evolución, en el último capítulo se menciona la tipología y función de los mismos a grandes rasgos.

Finalmente, se incluye una bibliografía seleccionada con referencias a algunos métodos básicos de improvisación con notación musical convencional y un enlace a una recopilación de vídeos de grandes improvisadores de piano y tutoriales sobre la materia.

¿Qué favorece el pensamiento creativo en la improvisación?

Al lector le será fácil entender el pensamiento creativo si piensa en un niño de dos o tres años y cómo se relaciona con el mundo, sin prejuicios, con valentía, indagando los límites y los porqués, estableciendo relaciones lógicas entre los objetos, los fenómenos. Es una pulsión que le ayudará a sobrevivir y que moldeará su cerebro. El niño explora, observa, toca, mira, agita, lanza, descubre, huele, es decir, está preso de una necesidad incesante por aprender y descubrir todo aquello que le rodea y que es absolutamente nuevo para él. Se relaciona con su entorno sin prejuicios en tanto en cuanto está modelando su cerebro.

Algunas de las características de este pensamiento son la curiosidad por descubrir y sintetizar nuevo conocimiento, el valor para explorar nuevos caminos, la flexibilidad de cambiar la ruta o el sentido de probar nuevas opciones, la capacidad de disfrutar por el mero hecho de aprender sobre algo desconocido y la capacidad de combinar los elementos de muchas maneras.

Desde el punto de vista emocional implica confianza en uno mismo y seguridad a la hora de transmitirlo a los demás, perseverancia en el desarrollo de las habilidades, sensibilidad para percibir y expresar detalles a veces ínfimos, sutiles y capacidad de divertirse con los sonidos, de «jugar» mientras se crea; del mismo modo que se inventa un cuento, se puede contar una historia con lenguaje musical.

¿Qué inhibe el pensamiento creativo en la improvisación?

Por decirlo en pocas palabras, todo aquello que inhibe el impulso, la necesidad vital, el anhelo genético por descubrir, aprender y crecer interiormente. Apagada esta pasión, mermada esta curiosidad, se camina en sentido inverso a la creatividad.

El lector debe aprender a detectar aquellas actitudes que van a inhibir su capacidad creativa. Pensar en el resultado y no en el proceso hace que aparezca la desmotivación por no ajustarse las expectativas a la realidad. Un exceso de perfeccionismo, entendiendo la interpretación musical como mero virtuosismo, más preocupado por la forma que por mensaje, por el ropaje que por el ser, puede «castrar», en sentido figurado, la capacidad de aprendizaje y la curiosidad, que es una especie de motor, de elemento esencial en cualquier tipo de aprendizaje.

El aprendizaje significativo

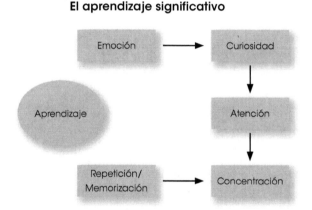

El lector debe entender que para que se produzca un aprendizaje significativo (y la improvisación lo requiere) debe abrirse la ventana de la emoción que despierte la curiosidad de manera que se mantenga una atención hacia el objeto de aprendizaje y una concentración que permita descubrirlo, así como una motivación para repetir y memorizar los elementos aprendidos. Si falla alguno de los componentes de esta secuencia tan propia de los seres humanos las ganas de descubrir y/o improvisar se desvanecerán. Un músico que solo es capaz de reproducir un texto escrito por otro, en lugar de entender y crear el suyo, no puede considerarse un artista global, completo, creador. Podría compararse a un loro, un mero reproductor, una persona que repite mensajes ajenos sin capacidad de generar los propios, un poeta que recita los versos de otro, un pintor que copia cuadros. Este libro te ayudará a crear tu propio discurso musical.

La música como lenguaje

Entender la música como un lenguaje, como un sistema de comunicación específico y refinado del ser humano, en el que un mensaje es primero imaginado, después creado y finalmente transmitido de un emisor a un receptor, permite comprender el proceso de adquisición de la misma.

La música se percibe de una manera global y poco a poco se puede ir accediendo a los diferentes niveles de conocimiento ya sea de manera intuitiva o mediante actividades y/o estrategias de aprendizaje. No se puede aprender a leer y a escribir en un idioma si previamente no se ha producido la interiorización del mismo. Como ejemplo, decir que los niños están durante un año y medio escuchando la lengua de su entorno antes de empezar a articular las palabras. Primero entienden el funcionamiento de la lengua y después se aventuran a reproducirla.

Es fundamental pues desarrollar la capacidad de análisis y de discriminación auditiva a modo de juego en las etapas tempranas, puesto que, como decían los antiguos, «de la nada, nada viene». Cuando se impregna, se «empapa» previamente la mente de un caudal de estímulos y existe la necesidad de comunicarse, se estructura el cerebro para poder realizarlo. Una vez nutridos podemos «sacar» al exterior. El aprendizaje no vivenciado no es aprendizaje. Por lo tanto, escuchar (oír con máxima atención) es la primera capacidad que debería desarrollar un buen músico improvisador.

Para ello la persona debe estar expuesta a una cantidad de estímulos sonoros suficientes y variados (un ambiente de riqueza sonora es necesario pues para que se produzca un desarrollo auditivo, un bagaje y una memoria musical). Es lo que es conocido por los educadores musicales como desarrollo del oído interno, o sea, la capacidad de imaginar interiormente sonidos y/o frases antes de ser ejecutados. De esta manera, la persona puede comparar la imagen mental, el sonido imaginado, con el sonido creado.

Cuando uno escucha una canción por primera vez capta globalmente la misma, pero si la escucha en repetidas ocasiones tiene la oportunidad de aprehender distintos elementos en cada nueva exposición «mental» al fenómeno sonoro: así cada vez puede dirigirse la mente a un distinto elemento o parámetro (por ejemplo: qué pulso hay —siempre en su caso para todos estos ítems, si es regular, habiendo ejemplos de músicas no occidentales de lo contrario—, qué compás tiene, qué motivos rítmicos se repiten, qué motivos melódicos, qué tono o modo, qué acordes oigo, qué esquemas, qué cadencias, qué forma tiene y un amplio etcétera que no olvide el timbre y la intensidad).

Al igual que sucede con el aprendizaje de una lengua, esa capacidad de imaginación ha de simultanearse con la experimentación sensorial, es decir, las personas deberían tener la posibilidad de expresarse a través de la música, ya sea con la voz o con un instrumento, en el caso que nos ocupa el piano o teclado, para poder aumentar la comprensión profunda del lenguaje musical.

Si comparásemos el lenguaje verbal con el lenguaje musical tendríamos que la palabra sería equiparable al motivo, la frase a la combinación de varios motivos (unidad mínima con sentido completo), el párrafo a la combinación de varias frases y un discurso a la combinación de varios párrafos. Por lo tanto, improvisar o componer en tiempo real sería similar a lo que hacemos cuando hablamos, cuando nos expresamos cotidianamente.

A nivel fónico, igual que en el lenguaje oral existen las consonantes o las vocales como elementos constitutivos de las palabras, en la música hay también los llamados «parámetros del sonido»: duración, intensidad, altura y timbre (podría citarse también si la fuente emisora está estática o en movimiento), elementos mínimos, siempre presentes, aquellos *conditio sine qua non*, que se verían representados por notas musicales a escala gráfica; así pues no hay que confundir sonido (frecuencia) «do» con nota (representación gráfica) «do» con tecla (elemento físico) «do».

Sonido-escritura-tecla

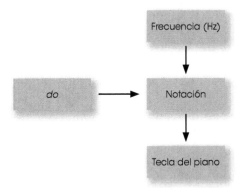

A una escala más compleja, sintácticamente hablando, por ejemplo, y aunque no sean del todo equiparables, se puede mencionar, en el caso de la música, la melodía, el ritmo, la armonía y la textura.

Hay que tener en cuenta que la música es un fenómeno complejo y será más sencillo aislar elementos para poder asimilarlos tanto física como mentalmente. El pianista dispone de dos manos para distribuir tres líneas sonoras diferenciadas —bajo, acompañamiento, melodía—, amén de otras posibles, como contrapuntos (melodías secundarias, que en un concepto amplio podrían ser superpuestas o sucesivas).

Generalmente, la mano derecha se ocupa del desarrollo melódico y opcionalmente de algunas partes del acompañamiento (desarrollo armónico-rítmico) y la mano izquierda se ocupa de la parte armónica esencialmente, salvo que se desee realizar una línea melódica grave (o línea de bajo) de importancia que dificulte realizar acordes. Se incide nuevamente en que, por tanto, como no se tiene una mano para realizar bajos, otra para realizar acompañamiento y otra para melodía, se puede distribuir de varias maneras entre los diez dedos.

Melodía-acompañamiento

A la hora de estudiar la improvisación también es provechoso saber aislar alguno de sus elementos: melodía, ritmo, armonía… Dos elementos pueden estar estáticos mientras se trabaja la variación del tercero; por ejemplo: trabajar distintos ritmos con la misma melodía y armonía o trabajar distintas melodías sobre un mismo ritmo y armonía, etcétera.

Estudio por partes

Improvisar	⟷	Combinar	
IDEA MUSICAL	**A**	**B**	**C**
MELODÍA	VARÍA	FIJO	FIJO
RITMO	FIJO	VARÍA	FIJO
ARMONÍA	FIJO	FIJO	VARÍA

En este libro el lector encontrará muchas ideas para el desarrollo de su creatividad musical en aras a improvisar con un piano o teclado. No es, pues, un libro de técnica pianística al uso, aunque pueda haber algunos consejos, debido a que ya hay publicaciones especializadas en este sentido. Por ende, esta publicación está dirigida tanto a pianistas *amateurs*, profesores de música, estudiantes de piano y aficionados en general que quieran llenar de creatividad su vida musical. El lector podrá encontrar actividades que se ajusten a sus necesidades en cada momento.

1

QUÉ ES LA IMPROVISACIÓN MUSICAL

Improvisar, esa capacidad humana instintiva como lo es el hablar, es un proceso. Se puede entender desde un punto de vista poliédrico en cuanto a que comprende el desarrollo de los procesos creativos y de la imaginación, el análisis de los elementos constitutivos del propio lenguaje y el desarrollo de una técnica que permite la ejecución musical. En este libro se encontrarán sobre todo recursos para el desarrollo de la imaginación musical y la comprensión del fenómeno musical en base a su estructura. Se podría asimilar el resultado de la improvisación a la generación de nueva música, a inventar música, a la creación de música propia y original. Se desarrolla si no se le ponen trabas, escollos o limitaciones. A improvisar se aprende improvisando, del mismo modo que a hablar se aprende hablando, o a leer, leyendo.

Materiales de improvisación

No se escribe *El Quijote* si antes no se ha trabajado mucho la propia lengua. Lo lógico es que uno comience con elementos breves, frases simples, cotidianas, y poco a poco vaya reelaborando su discurso, impregnando su personalidad, creando un «estilo propio». En una impro-visación se hallarán ideas que ya se han usado anteriormente, preexis-tentes, material de «relleno», podría decirse, que se utiliza para enlazar y/o que es propio de un determinado estilo, a modo de clichés sonoros; y por otro lado también puede haber material totalmente original.

Una de las particularidades de la música creada en tiempo real es la velocidad a la que se producen los procesos mentales que permiten, por un lado, la ejecución musical, y, por otro, la anticipación mental de lo que se va a realizar en el siguiente instante. Por ende, la velocidad de trabajo de la mente es imprescindible y necesaria para llegar a conver-tirse en un buen improvisador.

Es bueno limitar el tiempo de respuesta ante unas determinadas premisas Por ejemplo, «improvisar una frase de cuatro compases en do Mayor que contenga negras y corcheas y utilice los acordes de domi-nante y tónica» y para ello otorgar, por ejemplo, tan solo treinta segun-dos. Es una manera de entrenarlo; poco a poco se podrá reducir este tiempo de pensamiento previo a la ejecución hasta el punto de ante el estímulo provocar una respuesta casi inmediata y ser capaces de generar un discurso propio. La presión del tiempo que fluye inexorablemente al final se puede convertir en un aliado porque permite que broten de manera espontánea nuevas ideas musicales, para eso es recomendable aprender a no censurar los momentos de «flujo», esos estados anímicos de máxima concentración y mínima crítica.

Un intérprete puede ser reconocible respecto de otros muchos por su manera de expresarse, hablando con una voz «propia», podríamos decir, y esto es porque ha desarrollado un lenguaje propio en el que priman determinadas características: el «propio sonido». De la misma manera que hay escritores que utilizan frases más largas o cortas, más descriptivas o narrativas, etcétera, en música tenemos ejemplos de ras-gos característicos en función de la utilización del lenguaje musical; por ejemplo: tendencia a utilizar notas largas o cortas, síncopas, determina-das armonías, tipos de acompañamiento y un largo etcétera. Cuando se improvisa se puede recrear material ya conocido, volverlo a combinar, como cuando se dispone de un vocabulario y se producen distintas frases con las mismas palabras. Con tanta posibilidad expresiva que posibilita la música es normal que no se agoten ni las ideas ni los estilos propios de los improvisadores.

Conocer ideas musicales ajenas es fundamental pero no conduce necesariamente al desarrollo del propio lenguaje, de la propia voz creativa. Se puede imitar a otros, pero como manera de trabajar, solo como punto de partida. Ante todo debe haber una búsqueda. Ser original consistiría en poder expresarse musicalmente con las propias ideas, igual que una persona es fácilmente identificable por su manera de pensar, actuar o hablar. Para ello es recomendable reflexionar sobre lo que uno es, cómo siente, de qué manera se activan sus procesos creativos para expresarse.

Es preciso que se estimule el mundo interior sonoro de cada ser antes de ponerse a crear (y mientras tanto, por supuesto). Cada persona puede escuchar interiormente todo o una parte de lo que va a crear. La técnica de la improvisación le permitirá completar aquellos aspectos (ritmo, melodía, armonía, etcétera) que no se hayan generado en un primer instante.

Hay personas que crean a partir de historias, de otras músicas, de visiones, etcétera, fuentes que inician, que prenden la llama de la generación de otros materiales. La música en sí misma es un lenguaje autorreferencial, que puede y suele hacer referencia a sí mismo, por lo que de un motivo musical mínimo se puede general una obra grandiosa (pongamos, por ejemplo, la *Partita segunda en do menor* de Bach o la *Quinta Sinfonía*, en el mismo tono, de Beethoven, quizá, como tantos monumentos musicales, nacidos de un germen básico, de una improvisación llevada a su desarrollo extremo o máximo). Las emociones que produce la música pueden ser traducidas a palabras, pero generalmente de manera insatisfactoria, puesto que la música es autosuficiente como lenguaje inmanente. Expresarse auténticamente, sinceramente, directamente es un camino seguro a la originalidad. Para ello es importante tener algo que decir, querer expresarse, tanto como saber expresarlo, saber elegir las «palabras» en este lenguaje «sin palabras», propiamente hablando, que es la música. Un qué y un cómo íntimamente unidos, un contenido que depende de su forma, aunque sea primordial trabajar ambos.

El propio lenguaje musical tiene una base que se podría denominar «universal» que consiste en que hay dos polos respecto a la sensación de tensión. Si se desea salir de un estado de somnolencia no hay una manera más rápida que producir sonidos muy fuertes, rápidos, agudos y con timbres con armónicos impares. Por tanto, un improvisador hábil conoce la manera en que la propia música puede oscilar produciendo unas sensaciones o las opuestas, creando construcciones que impliquen psicológicamente a los oyentes, conforme a las estructuras mentales comunes de todos. Así, habrá música que «conecte» por su peculiar construcción con la manera de percibirla, en tanto sus relaciones entre tensión-distensión vayan haciendo partícipe al oyente («escuchante», permítase el neologismo, por captar su atención, su estar activo).

La sabia creación por parte del improvisador de una dosis adecuada de expectación, de sorpresa, alternada con la posibilidad máxima de anticipación por parte del oyente «cocreador», como lo calificaría P. Hindemith, respecto de lo próximo que va a sonar, es una de las facultades que debería dominar un improvisador cuyo fin sea «conectar» con su audiencia, que no caiga en una especie de elitismo estilístico. Por eso debe tener siempre más importancia el sonido en sí que su representación gráfica en tanto que una obra puede sobre el papel aparentar una lógica estructura pero que puede en la práctica ser solo eso «música para ser vista», admirada como «obra pictórica» incluso, y no «escuchada-sentida-apreciada». En el improvisador debe darse la perfecta ecuación entre hemisferios cerebrales, entre emoción y razón…

Otros aspectos que hay que tener en cuenta a la hora de improvisar de manera magistral podrían ser: considerar el sentido de proporción que ofrece el número áureo (crear tensión hasta llegar un poco antes de dos tercios de la duración total de la obra improvisada para deshacerla después), dejar huella en los oyentes, como una especie de patinaje que es posible recordar por parte del oyente, para ello hay que posibilitar anclajes, especies de «apoyos mentales» musicales, facilitando que su memoria esté activa el máximo de tiempo posible, crear el máximo con la mayor economía de medios posibles (ese «menos es más» de los mejores), creando la mayor unidad posible con la mayor variedad, repitiendo lo necesario sin monotonía.

El improvisador se convierte en una especie de «narrador de historias musicales», «creador de cuentos/vaivenes sonoros», «quien muestra una dinámica, un recorrido musical», «un caminante que fluye con las notas», a quien no le da tiempo, en principio, a recoger en papel todo lo que puede suceder en ese itinerario. Por tanto, será la grabación, y no la partitura, el verdadero documento de su quehacer. Una transcripción a destiempo puede no reflejar la totalidad de la improvisación. Las nuevas tecnologías ayudan muchísimo al improvisador actual en tanto que pueden recoger en papel en tiempo «real» lo que va creando, de manera que no «se pierda» en un potencial olvido, o incluso una imposibilidad de recrear un determinado «momento» musical.

Otro caso interesante es cuando se suman dos o más improvisadores, la actitud de escucha debe ser total, ya que es fuente de creación e inspiración al mismo tiempo, en el sentido de que, si se deja el «momento», «espacio», «lugar» requerido para que el otro exprese sus ideas, se podrán generar nuevas a partir de lo escuchado, como en un diálogo en el que el discurso global tenga una coherencia, un sentido, y no haya dos «cacatúas», cada una insistiendo en su frase aprendida y sin guardar relación. También pueden ponerse varios improvisadores bajo la batuta de un director que marque unas premisas pero al mismo tiempo les deje margen.

2

HABILIDADES QUE SE DESARROLLAN CON LA PRÁCTICA MUSICAL IMPROVISADA

Un buen improvisador se beneficia del desarrollo de un conjunto de habilidades que se ejercen de manera simultánea, es decir, que entran en la acción en su práctica de una manera global, aunque para su evolución es preciso ejercitarlas por separado previamente. Habría que señalar:

- La capacidad de escuchar (sin la cual un músico no puede desarrollar el resto) le permite extraer diferentes tipos de información sonora nueva y centrar la atención de manera específica en algún parámetro concreto) que desarrollará.

- El oído interno (la capacidad de representar sonidos con la mente), que a su vez permitirá establecer una correspondencia entre lo que se imagina y lo que se ejecuta posteriormente; trabajado se reduce esta distancia al mínimo, alcanzándose la casi instantaneidad entre el sonido escuchado internamente y el interpretado.

- La habilidad de sintetizar y/o abstraer información, es decir, de distinguir lo importante de lo secundario, así como mantener una atención dirigida simultáneamente a lo global y a lo concreto (la macroforma y la microforma).

- La comprensión de los lenguajes musicales, de la estructura intrínseca de distintas obras a la par, que produce un desarrollo de…

- …la habilidad instrumental, la adquisición de técnica o técnicas pianísticas variadas.
- La velocidad de pensamiento, la agilidad a la hora de tomar decisiones cada vez más rápidas y a su vez incrementando las opciones de elección.
- La mejora de la coordinación y la disociación (mente-ojo, en su caso-mano).
- La memoria, que se desarrolla con la práctica de la improvisación musical.
- La expresión propia, descubriendo procesos creativos, lo cual puede aumentar la autoestima en la consecución de logros mayores hasta alcanzar la meta de la personalidad musical diferenciada que hay en cada ser.
- La inteligencia musical, que a la par que la sensibilidad musical, se verá incrementada por la praxis de la búsqueda que es improvisar.
- A nivel psicológico, la práctica improvisadora favorece la diversión, la motivación, la actitud mental de aceptación y el no enjuiciamiento innecesario.

3

DESCUBRIENDO
LAS POSIBILIDADES
DEL INSTRUMENTO

El piano es un instrumento polifónico con que el podrás desarrollar tu musicalidad. Tanto en sus versiones acústica como eléctrica ofrece múltiples posibilidades sonoras. En este capítulo encontrarás actividades e ideas para familiarizarte con él.

3.1. El instrumento y su acústica

Tengas un piano acústico (tradicional) o un teclado eléctrico o una tableta con una aplicación de piano o una proyección de las teclas en el espacio sensible a tus movimientos…, es importante que te familiarices con «lo que es y lo que no es» el sonido particular de piano. Por regla general en el sonido de piano las notas graves no suenan exactamente con el mismo timbre que las agudas, pero la verdadera diferencia es que las notas graves resuenan más tiempo, armónicamente «conjugan» menos entre sí, suenan un poco más fuerte que las agudas y se pueden realizar sonidos en picado o *staccato*.

❦ ❦ ❦ ❦ ❦ ❦

EXPLORA 1:
"La acústica del sonido del piano"

Prueba en un piano acústico vertical (de pared) o de cola tradicional (entendiéndose aquellos que poseen el mecanismo completo de cuerdas, macillos y apagadores, puesto que existen además algunos pianos con apariencia tradicional, pero en su interior no hay cuerdas) a realizar notas muy breves en la zona más aguda, y verás que, al no disponer de apagadores, da igual que ejecutes sosteniendo la tecla o no, el resultado es el mismo (otra consideración sería a escala visual). El extremo agudo resuena poco tiempo. Observa también al tocar la nota más grave y aguda al mismo tiempo cómo esta última se extingue pronto, y suena un poco más suave (de lo que se infiere que para tocar con igual intensidad con las dos manos hay que tocar de manera desigual).

Si tu piano eléctrico no tiene pedal *sustain*, de prolongación, fuerte (el conocido como «derecho»), no dudes en adquirirlo si posee la salida correspondiente y es compatible con el teclado. La inversión económica es muy baja y las posibilidades musicales sorprendentes. Es un *sine qua non*. Hay que tenerlo, por algo se le llama «el alma del piano». Otra diferencia, no sustancial, reside en las posibilidades de pedal tonal que ofrecen los pianos de cola y algunos pianos verticales.

❦ ❦ ❦ ❦ ❦ ❦

༄ ༄ ༄ ༄ ༄ ༄

EXPLORA 2:
"Descubriendo diferencias en los registros"

- Realizar en grave el acorde de octava, de quinta justa, de cuarta justa y de terceras Mayores y menores, así como un acorde perfecto Mayor (a más grave o más pequeño el intervalo peor se «fusionan» los sonidos, es menos inteligible el acorde y se distingue auditivamente peor).

- Realizar interpretaciones en el extremo agudo con pedal derecho y sin él.

- Lo mismo en *staccato* (sonidos separados) y *legato* (un mismo sonido o diferentes sonidos unidos entre sí).

- Pedalizar (con un solo pedal, pulsando solamente una vez, manteniéndolo toda la escala, de manera experimental) una escala descendente rápida y una ascendente, y comprobar la diferencia.

- Lo mismo en distintos registros o alturas del teclado.

- Tocar una escala *staccato* (otra manera de explicarlo podría ser: nota breve, silencio, siguiente nota) cada vez con mayor rapidez. Llega un momento en que no hay «silencio» posible entre dos notas.

- Tocar algo más fuerte con la mano derecha y lo mismo con la izquierda más suave: se nivelan las intensidades.

- Tocar un poco más fuerte que en el ejercicio anterior: comienza a escucharse la derecha más fuerte que la izquierda. A escala dinámica, tocar algo más suave con la mano izquierda no se traduce en mucha diferencia de intensidad por la propia naturaleza del instrumento tradicional; puedes creer que la mano izquierda suena más suave cuando en realidad está sonando a igual de volumen que la mano derecha, por la descompensación propia del piano acústico.

Variante: con dos sonidos diferentes simultáneos en una misma mano a distintas intensidades.

Como curiosidad sobre la afinación prueba a tocar algo bitonal (do-re-mi-la, mano izquierda, y si-do sostenido-re sostenido-la, derecha) a poca distancia entre manos (en el registro central) y también en los extremos, sobreagudos y zona más grave; notarás que suena menos disonante cuanto más se separan las manos.

❧ ❧ ❧ ❧ ❧ ❧

EXPLORA 3:
"El pedal central o tonal"

Se usa habitualmente para prolongar el sonido de una nota o acorde seleccionado por el improvisador. Se levantará únicamente el apagador que se escoja (pulsar a la vez o inmediatamente después, no antes). Sin embargo también pueden realizarse con él curiosos efectos de resonancia.

Pulsa en mudo, es decir, baja despacio la tecla sin que el martillo percuta la cuerda, sin provocar sonido, una o mejor un grupo de notas graves, puede ser un clúster (literalmente, «racimo» de notas, por su forma gráfica) de octava con las 12 primeras teclas blancas y negras. Selecciónalo con el pedal tonal. Aún no hay sonido ni efecto alguno. Toca sonidos en el registro medio durante unos instantes y cesa. Escucha la resonancia obtenida.

Variante: pulsa en mudo un grupo de notas centrales, selecciónalas con el pedal tonal y toca un poco en el registro grave. Escucha otro tipo de resonancia. Puedes usar también estos efectos para improvisaciones que causen sensaciones misteriosas o sorpresivas o expresivas…

❧ ❧ ❧ ❧ ❧ ❧

๛ ๛ ๛ ๛ ๛ ๛

EXPLORA 4:
"Otras posibilidades sonoras del piano"

No hay que olvidar que en el piano no solo suenan las teclas. Puedes obtener sonido de su mueble percutiendo sobre él de distintas maneras, como realizar ritmos golpeando con los nudillos sobre la tapa, sobre el mueble, sobre los pedales, etcétera.

Y también se puede manipular en su interior, aunque es recomendable actuar con máxima prudencia para que no se rompa una cuerda, y con supervisión de un adulto en el caso de menores; por lo tanto, debes valorar el riesgo de dañarte o dañar el instrumento. Cuando se rompe una cuerda del piano estalla a gran velocidad y se convierte en una especie de látigo de acero. Sobre las cuerdas se puede operar directamente usando diferentes materiales. Se ha explorado ya con escobillas, baquetas, pelotas de tenis de mesa, plectros o púas…

Puedes simular la tímbrica rica y sorprendente del «piano preparado» que John Cage ideó para imitar el sonido de una orquesta percusiva variada acompañando a una compañía de ballet, usando lápices, celofán, gomas y otros objetos de diferentes materiales y formas que rocen la cuerda en distintos lugares.

๛ ๛ ๛ ๛ ๛ ๛

3.2. Ideas para utilizar los teclados electrónicos

En el caso de los instrumentos eléctricos se amplían las posibilidades sonoras, puesto que se pueden automatizar algunas funciones y trabajar aisladamente otras.

Los teclados electrónicos son una fuente inagotable de inspiración y ofrecen infinitas posibilidades para poder ejercitarse, puesto que suelen tener:

- **Bases rítmicas** sobre las que improvisar un determinado estilo. Fijado el tempo y el estilo rítmico sobre el que crear melodías, se pueden introducir acordes en la mano izquierda (en algunos modelos de teclado con sistema abreviado, es decir, que tocando una o dos teclas, según cada fabricante, reconozca un acorde tríada o cuatríada concreto y desarrolle el acompañamiento con diversos instrumentos y texturas, que generalmente vienen programadas, liberando la mano derecha para improvisaciones melódicas.
- Sobre **demos** se pueden introducir contrapuntos, doblar la melodía, practicar el acompañamiento, introducir nuevas notas al mismo (tensiones), etcétera.
- Hay teclados que incluyen la posibilidad de **generar esquemas armónicos o usar bases armónicas preestablecidas**; es decir, que solo basta familiarizarse con ellos y crear melodías.
- **Display**: si el teclado tiene pantalla y puede mostrar partitura se puede trabajar la lectura a vista con las demos incluidas.
- Práctica de la **rítmica** con los *samples* de percusión. Algunos teclados incluyen un sonido de percusión distinta en cada tecla.
- *Vocoder*. Algunos teclados incorporan micrófono para usar tu voz en tiempo real, distorsionando, aplicando timbres, armonizando en tiempo real a varias voces, etcétera.
- **Tímbrica**: uno de los puntos fuertes de los teclados frente al piano acústico tradicional, al poder seleccionarse distintos timbres de piano (HonkyTonk —con cuerdas desafinadas ligeramente—, pianos de distintas marcas, muestreados a veces nota a nota de instrumentos de gran cola de alta gama, Rhodes, gran diversidad de timbres de pianos eléctricos…), y de multitud de instrumentos, incluso pudiendo generar nuevos (sintetizadores) o cargar nuevas bibliotecas de sonidos.
- **Efectos**: puedes simular el efecto acústico de una sala pequeña o grande, y muchos otros.

- **Loop**: hay teclados que permiten grabar una secuencia melódica o un esquema armónico, lanzarlos repetidamente de manera automática e improvisar sobre ellos en tiempo real.
- **Midi**: puedes conectar tu teclado al ordenador de manera que plasme por escrito transformando en datos tu improvisación para que puedas crear una partitura o editar notas concretas de la misma, cambiarle la tímbrica, etcétera.
- **Transportador** automático en tiempo real.
- Posibilidad de variar la **afinación** no solo bajando o subiendo con precisión pocos hertzios para adaptarse a otros instrumentos o la voz, sino también en lo referido al **temperamento** (históricos, no occidentales, etcétera).

3.3. Juegos musicales

Se presentan en este apartado muchas ideas de actividades con carácter lúdico y propedéutico que se pueden realizar de forma individual o colectiva para descubrir y ejercitar simultáneamente la técnica pianística y la creación sonora.

JUEGO 1: "Prerritmo"

Haz una lista con palabras de dos sílabas con distinta acentuación, y lo mismo con palabras de tres sílabas, de cuatro y de cinco. Traslada su ritmo al piano de modo que los acentos correspondan:

a) Con sonidos más largos.
b) Variante: con sonidos más fuertes.
c) Variante: con sonidos más agudos o más graves que el resto.
d) Variante: que coincida el acento de la palabra con el primer tiempo de un compás dado.

JUEGO 2: "Creo mi forma"

Para empezar a familiarizarnos con un sentido libre de la utilización del material, para perder el miedo a combinar o transformar nuestra materia prima, nuestros «ladrillos» (sean palabras o notas más adelante, en ambos casos finalmente obtenemos sonido). Puedes crear formas que sigan una disposición en el espacio o en el tiempo, en este caso prueba con: AA (repetir), AB (contrastar), AA' (variar), ABA (lied ternario reexpositivo), ABC (popurrí, fantasía…), ABACA opcional: añadiendo DAFAGA… (rondó), ABACABA (rondó-sonata)…

Haz un poema-dibujo solo con puntos (especie de preescritura musical).

Variantes:
1. Lo mismo solo con números.
2. Lo mismo solo con «o», «O» y «0».
3. Lo mismo con signos (ejemplo: (/&%&=?("!)
4. Lo mismo con acrónimos o siglas.
5. Empleando únicamente palabras con una única vocal (con la a, e y o no es difícil del todo, con i y u, un poco más).

JUEGO 3: "Como un elefante en una cacharrería"

Otro título podría ser «todo mi cuerpo puede tocar». Toca distintos tipos de clústers o acordes lo más amplios posibles con el pulgar extendido presionado varias teclas negras, por ejemplo, el puño, la palma de la mano, su dorso, envés o espalda, sus laterales, el antebrazo (prueba a realizar un *glissando* en teclas negras así), todo el brazo, etcétera.

JUEGO 4: "Dedos locos"

Aleatoriedad total. Mueve tus dedos sin control aparente. Que toquen exactamente lo que deseen. Prueba a escribir sobre las teclas del piano tu nombre como si fuese un teclado de ordenador.

JUEGO 5: "Toco al son de mi respiración"

Coordina tu respiración con sonidos. Prueba primero con dos sincronizados con tu inspiración y tu espiración, uno para cada momento. Busca acordes que reflejen esos dos momentos de «tensión» y «distensión» y realízalos coordinadamente. Acopla tu respiración a un compás binario, ternario (un pulso al inspirar, en el tercero y dos pulsos al espirar, en el primero y segundo), cuaternarios, de cinco pulsos (uno contra cuatro, dos contra tres)... Toca música que conozcas y respira conforme sea más natural: a veces es siguiendo el pulso (obras lentas), otras a medio compás (por ejemplo en algunos Nocturnos de Frédéric Chopin), otras siguiendo el compás, otras cada dos compases (prueba a respirar un vals como un 6/8)...

Variante: si puedes disponer de retroalimentación biológica o *feedback* de tu pulso sanguíneo (por ejemplo, con un fonendoscopio o palpándote la muñeca por su parte trasera), obtendrías también una experiencia interesante para coordinar tu música con tus propios latidos.

JUEGO 6: "Tocar con un dedo"

Inventa música lo más variada posible con el dedo que elijas. Sugerencias: repetir, repetir cambiando el ritmo, cambiar notas manteniendo el ritmo, acelerar y desacelerar... No olvides el valor de los silencios como parte de la música.

JUEGO 7: "¿Cuál es tu paleta de colores?"

Con una sola tecla, ¿cuántas intensidades eres capaz de realizar/controlar? Prueba creciendo poco a poco y vuelve a la intensidad inicial proponiéndote sobrepasar el número o marca conseguidos. Cuantas más intensidades puedas dominar más rico y expresivo se volverá tu estilo improvisador.

JUEGO 8: "Ojos cerrados"

Mínimo dos jugadores. Los improvisadores no tendrán referencia del la 440 o central, o del diapasón. Uno toca una nota (mirando) y el siguiente (con los ojos cerrarlos) debe hallarla. Más retos: con acordes, con más de una nota, con arpegios, con escalas.

JUEGO 9: "Canta y toca"

Inventa un pequeño motivo. Cántalo varias veces. Ahora «busca» las notas en el teclado que reproduzcan aquello que te has inventado. Consejo: comienza por dos sonidos cercanos (intervalos pequeños) e incrementa progresivamente la dificultad sumando sonidos o realizando saltos cada vez mayores.

JUEGO 10: "Acompáñate"

Toca *do* y canta *mi*. Toca *mi* y canta *do*. Lo mismo cada vez más rápido.

JUEGO 11: "Teléfono estropeado"

Varios jugadores. Para desarrollar la concentración y la memoria. Un jugador toca a otro un motivo (incrementando la dificultad en velocidad, en número de notas, en tipos de escalas, etcétera, cada nueva jugada) solo una vez. El resto de jugadores no han escuchado esto y se van incorporando de uno en uno tocando el ejemplo que han recibido al siguiente, y este al próximo en una cadena, de manera que cada uno solo haya escuchado una fuente, un ejemplo del anterior. Finalmente, el último toca lo que ha «recibido» (seguramente ligera o profundamente transformado por uno o varios intervinientes) y se compara con el primero. Se reflexiona sobre qué ha cambiado, por qué, a partir de qué jugador.

JUEGO 12: **"La nota bloqueada"**

Anula la sonoridad de una o varias teclas, ya sea mante-
niéndolas pulsadas con una mano o con cuñas de goma o
con pesas que sustituyan la bajada de las teclas por los
dedos. Recorre el teclado pasando por las teclas «inutiliza-
das», que serán silencios o sonidos imaginados. En función
de cómo y cuántas anules encontrarás ritmos muy curiosos.

JUEGO 13: **"Todo me resbala"**

El *glissando* sería recorrer rápidamente teclas consecutivas
(bien blancas, bien negras) empezando con un dedo o
una posición de la mano que permita que se deslice a través de las teclas, como si estuvieses untando mantequilla
en una tostada. Descubrirás interesantes efectos; por ejemplo, ascendiendo las dos primeras octavas más graves con
pedal simularía una especie de redoble de batería que
crea tensión justo antes del comienzo de alguna sección
importante. Prueba:

Glissando ascendente con la mano derecha

Glissando descendente con la mano derecha

- Ascendiendo y descendiendo a diferentes velocidades.
- A diferentes intensidades (es más fácil y suave con la muñeca y el antebrazo en posición más alta).
- Comienza una mano y releva la otra a mitad de camino.
- Sube con blancas y baja con negras y viceversa.
- Blancas y negras al mismo tiempo, probando con ambas manos (derecha, blancas, e izquierda, negras, y lo contrario).
- En sentido contrario (una sube mientras otra baja, y viceversa).
- Se cruzan.
- Con acordes.

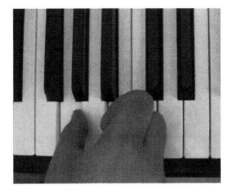

Doble *glissando* ascendente (en acorde) con la mano derecha

JUEGO 14: "El pianista de un dedo"

Intenta tocar lo más bello y rápido posible con un solo dedo. Cuanto más ligado mejor (de negra a blanca se puede realizar perfectamente resbalando; al revés, se trata de una técnica no convencional). Toca dos teclas blancas contiguas (al filo de ambas).

JUEGO 15: "El lobo y el pajarito"

Vamos a explorar los sonidos más graves y agudos del instrumento. Intenta imitar sonidos de animales usando solo las primeras y últimas teclas. Crea un cuento infantil a propósito con el máximo de personajes que puedas describir. Hasta donde sea posible, toca lo más grave posible con la mano derecha y viceversa (cruzamiento de manos).

Variante: imitar sonidos de la naturaleza, sonidos del entorno… trueno, lluvia, viento, ambulancia, taladradora, claxon, pisadas, etcétera.

JUEGO 16: "Registros"

Toca una melodía conocida, por ejemplo, el *Himno de la alegría* de Beethoven o *Campanita del lugar*, de manera que cada nota se ejecute en una zona distinta del teclado, como mínimo una octava más aguda o grave que la anterior. Intenta ganar velocidad realizando versiones diferentes cada vez: saltos más grandes, tres notas-dos notas-una nota en cada registro, etcétera.

JUEGO 17: "**Alternancia**"

¡Repartir el trabajo entre dos manos es mejor! Si una mano toca negras y la otra también pero con un desfase de una corchea, el resultado es que suena el doble de rápido. Como en *Asturias* de Albéniz. Fija un *ostinato* con un dedo de una mano sobre la tecla que quieras y con la otra mano desplázate cuando no suena la que realiza el *ostinato*, en sus «espacios» «muévete», «desplázate» añadiendo otro sonido. Alternando siempre una nota con cada mano. Prueba cambiando las funciones de cada mano.

Variante 1: dos notas (dos dedos también) con una mano, alternando con una de la otra.

Variante 2: tres contra una. Dos contra dos. Ejemplo: *Doctor Gradus ad Parnassum* de Claude Debussy.

🎹 🎹 🎹 🎹 🎹 🎹

JUEGO 18: "**Eco-eco**"

Estás en una cueva y, cuando gritas tu nombre, te vuelve parte del sonido. Inventa fragmentos breves y tócalos una, dos o tres octavas superiores más suave. Con las dos manos.

Variante: con una mano sola. Más difícil: intentando que haya una continuidad total entre el motivo y el eco, es decir, la última nota del motivo suena a la vez que la primera de su repetición más aguda (tendrás que extender tus dedos al máximo).

🎹 🎹 🎹 🎹 🎹 🎹

JUEGO 19: "A lo Mozart"

Se cuenta que tocó su instrumento tanto con la nariz (una nota central) como de espaldas. Recuéstate sobre la banqueta dándole la espalda al teclado y toca las teclas (no podrás verlas). Familiarízate con esta posición, en la que se trabaja la lateralidad y la interconexión de los hemisferios laterales.

Variante: cruzando las manos es más fácil.

JUEGO 20: "Más «malabarismos»"

Si sabes tocar alguna obra intenta hacerlo de las siguientes formas:

a) Separando al máximo las manos.
b) Cruzándolas al máximo.
c) Cruzándolas, pero ejecutando con la derecha la parte de la izquierda, y viceversa, de modo que suene igual que fue concebida.
d) Con una mano un semitono más alto (por ejemplo) que lo que está escrito.
e) Superponiendo las manos en la misma octava (por ejemplo, mientras una mano toca *do re mi fa sol*, la otra, sobre las mismas teclas, toca *sol fa mi re do*).

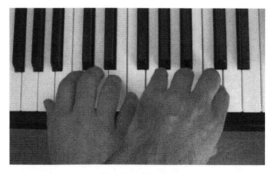

Cruzamiento

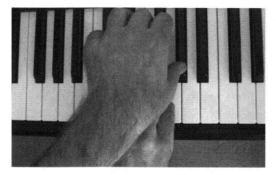

Superposición

JUEGO 21: "La nota prófuga"

Para uno o más jugadores. Toca una escala o una melodía improvisada. Vuélvela a tocar pero ahora sustituye una de las notas por un silencio. Piénsala, escúchala en tu interior. Después elimina dos notas, tres, etcétera. Quien no toca debe acertar el nombre de la nota o grado omitido.

Variante: canta la omitida.

JUEGO 22: **"Sonido tabú"**

Para uno o más jugadores. Toca una melodía conocida y después elimina una de las notas pero sin hacer silencio, es decir, conectándola inmediatamente con la siguiente. Sigue similares reglas del juego anterior.

JUEGO 23: **"Año de nacimiento"**

Para uno o varios jugadores. Pregunta a tus familiares sus fechas de nacimiento y con los números obtenidos crea una melodía. A partir del número 8 vuelves a la nota inicial; 9 sería la segunda, y 0, el silencio. Ejemplo: 10 de abril de 1984 sería en *sol* Mayor: *sol*, silencio, *do*, *sol*, *la* agudo, *sol* agudo, *do*.

Variante: descifra tú un número interpretado por otra persona.

JUEGO 24: **"Melodía en código"**

Traslada números de teléfono o cifras significativas para ti a melodías. Y viceversa, convierte una melodía célebre en un grupo de números, esto te ayudará a la hora de transportar. El número dos puede entenderse como el segundo grado de la escala (por ejemplo, desde *do* sería *re*) o como la segunda nota de una escala cromática (*do* sostenido).

JUEGO 25: "**Acumulando música**"

Para dos o más improvisadores. Se decide si se va a utilizar ritmo, melodía o armonía. Mejor sin mirarse, solo escuchando, para estimular la memoria auditiva. Un jugador inventa una idea breve y el siguiente debe tocar lo mismo y añadir un elemento nuevo de su propia cosecha. Volverá el turno al anterior, que va acumulando, y el primero que no sea capaz de recordar todo lo sumado en el mismo orden perderá la partida. Ejemplo a escala melódica: el jugador primero propone: *do, re, mi, sol*; el jugador segundo reproduce *do, re, mi, sol* seguido de *re*, el jugador primero reproduce *do, re, mi, sol, re*, y añade *la*, y así sucesivamente.

JUEGO 26: "**El escondite rítmico musical**"

Sobre una melodía que tenga diferentes valores se eliminan, por ejemplo, primero las corcheas, luego las blancas, finalmente las negras… Este juego permite el desarrollo de la audición interior y la memoria en tanto que hay que dejar el «silencio» del elemento desaparecido, su hueco o huella, de modo que internamente se «cante».

JUEGO 27: "**El intruso**"

Para dos o más jugadores. Partiendo de una escala o un acorde dados, un jugador improvisa una melodía. Ese mismo jugador introduce notas «ajenas» a la escala o acorde de partida, que tiene que identificar el otro jugador levantando la mano cuando suceda o nombrándolas. Se cambian los turnos. Será ganador quien identifica más elementos «intrusos».

JUEGO 28: "**Anagrama**"

Para dos o más jugadores. Un anagrama es un procedimiento que se basa en crear una nueva palabra a partir de las sílabas de otra, reordenándolas. Por ejemplo: arroz-zorra, o abad-daba (estos dos ejemplos son palíndromos, es decir, una retrogradación exacta), checo-coche, casa-saca, etcétera. De la misma manera se puede utilizar la variación de motivos utilizando este procedimiento. Primero se juega con motivos de tres notas. Así, por ejemplo, de *do, re, mi* surgen:

- *do, mi, re*
- *re, do, mi*
- *re, mi, do*
- *mi, do, re*
- *mi, re, do*

Incrementa el número de notas progresivamente; cuantas más notas incluya el motivo más posibilidades combinatorias habrá. En los motivos de muchos elementos, pueden agruparse de dos en dos o más a modo de «sílabas» musicales. Ejemplo: con el motivo *do mi / sol fa / mi re / si do*, una combinación «silábica» podría ser: *sol fa / si do / mi re / do mi*.

JUEGO 29: "**Encadenamiento**"

Para dos o más jugadores. Uno propone un motivo y el siguiente improvisador crea uno diferente empezando por la última nota del anterior.

JUEGO 30: "**Adivinanza de motivos**"

Para varios jugadores o por equipos. Un equipo propone un motivo al azar de dos o tres notas. El siguiente equipo debe anotar en un papel todos los nombres de canciones u obras que comiencen por esas notas (aunque sea transportado). Es válido si esas dos o tres notas suponen el comienzo del estribillo de la canción. Por turnos, gana quien más canciones adivine.

JUEGO 31: "**La noche y el día o entristeciendo y alegrando**"

Dos o varios jugadores. Toma una melodía conocida y cámbiale el 3.° y 6.° grados. Si está en modo Mayor (suena alegre) bájales un semitono a ambos. Si está en modo menor (suena triste) sube un semitono a los dos. Notarás como el carácter cambia radicalmente, como si pasásemos del día a la noche o viceversa. El otro jugador (oyente) debe identificar si pasó de M a m o de m a M.

JUEGO 32: "Objetos que son música"

Para varios jugadores. Reúne objetos diferentes entre sí o de una misma familia. Por ejemplo: sombreros variados, utensilios de cocina, frascos de especias, botones, recipientes de diferentes colores y tamaños, ropas, telas o prendas, etcétera. Puedes juntarlos todos o utilizar solo los que reúnan una característica determinada. Se presentan a los improvisadores y cada uno asigna subjetivamente una caracterización musical para cada objeto que crea que lo «defina», basándose en una tabla o partes de ella con sonoridades opuestas, teniendo que decantarse entre los propuestos (nota larga/corta y/o fuerte/suave y/o aguda/grave y/o acorde Mayor/menor, etcétera). El juego consistirá en acertar el objeto por el sonido. Se muestran tres y se interpreta uno al piano. Se gana si el músico consigue que el resto de jugadores acierten cuál es el que se ha interpretado (apuntado en un papel previamente).

Variantes: tocar dos a la vez, uno en cada mano. Crear una historia (en texto y con música) con los objetos.

JUEGO 33: "Identificar el tono de una obra"

Uno o varios jugadores. Escucha, por ejemplo, canciones al azar y realiza una escala cromática mientras suena, tratando de parar en aquella nota que mejor «suene», «conjugue», «se funda» con lo que suena. Muy probablemente escojas la tónica o la dominante (como nota es común, una especie de intersección entre el acorde de tónica y el de dominante: *do mi sol-sol si re*). Puedes comenzar con villancicos o canciones populares de tu entorno, muchas veces más sencillos que otro tipo de repertorio. En grupo, gana quién antes adivine correctamente la tonalidad de un fragmento reproducido.

JUEGO 34: "**Autodictado**"

«Saca de oído», es decir, prueba a tocar alguna canción que has escuchado y de la que no dispongas de partitura y puedas cantarla, aunque solo sea interiormente, y no es necesario que recuerdes la letra. Puedes ayudarte de tu brazo, que suba cuando la melodía es descendente y viceversa.

Si no lo hiciste nunca, un ejercicio previo sería cantar *glissando* ascendente o descendente, también asociándolo al movimiento de tu mano en el mismo sentido (o hacia la derecha y la izquierda, como cuando se desplaza la mano en el teclado al subir y bajar por las teclas). Igual que en el ejercicio anterior, es recomendable comenzar por tonadas navideñas y canciones folklóricas, aquellas nanas que te cantaban (en su caso), o lo que recuerdes de repertorio infantil, o las tonadas de las presentaciones de dibujos animados que veías por televisión. Se puede empezar por cualquiera de las doce teclas, al fin y al cabo, para un músico experto tiene que ser igual de fácil tocar en un tono que en otro. No obstante, si ves que al principio te cuesta mucho puedes probar a comenzar desde otra tecla. Lo más probable es que haya que utilizar teclas negras y ahí radiquen los escollos temporalmente.

JUEGO 35: "Globo terráqueo

Solo o con varios jugadores. Tomar un globo terráqueo (en su defecto, un mapamundi), ponerlo en movimiento y con los ojos cerrados pararlo con el dedo en un determinado punto. El juego consiste en imitar alguna característica de la música del país, zona o continente en el que cae el dedo al azar. Para identificar el continente se puede acordar convencionalmente los siguientes paralelismos (entre otros muchos posibles):

- Europa: vals
- América: acorde *do*7
- Asia: escala pentatónica
- África: percusión sobre la tapa del piano
- Oceanía: nota grave larga a imitación de un gong de *gamelang*

Si cae en mares u océanos se puede hacer un arpegio con pedal a imitación de las olas.

Se gana el punto si el otro jugador o equipo acierta el continente.

INVESTIGA 1: "Impregnarse de nuestro planeta sonoro"

Busca y escucha en internet música de piano de los países que se señalaron en el globo terráqueo.

3.4. Para entender la improvisación globalmente

En este subapartado se exponen ideas generales sobre el trabajo improvisatorio circunscrito a la propia evolución del lector. Podrá tomar conciencia de los pasos que hay que seguir en función del desarrollo de su competencia musical y podría diseñar su propia sesión de trabajo.

¿En qué debería consistir una sesión creativa de trabajo?

El aprendizaje neuromuscular, es decir, la adquisición de la técnica pianística, en cuanto a la coordinación de los diferentes movimientos de los dedos, mano, antebrazo, etcétera, se puede abordar desde el primer momento de un modo creativo. Es decir, la técnica no debería ser un fin en sí mismo sino un medio para favorecer el establecimiento permanente de las estructuras mentales que después ayuden a la combinación de los elementos.

Por tanto, el lector debe, en primer lugar, pensar antes de tocar qué le gustaría descubrir, asentar o ejercitar. Para ello debe tener una buena predisposición mental. En segundo lugar puede buscar en este libro qué actividades puede aplicar al objetivo que se ha planteado. Debe comenzar la práctica de manera suave y progresiva, yendo de lo más fácil a lo más difícil, y se recomienda grabar alguna parte de la sesión (o toda) para comparar las distintas sesiones y valorar los progresos en un futuro. Se debe mantener siempre una actitud de disfrute, de apertura a la sorpresa, de reto... que ofrezca un estímulo constante. Al final de la sesión se tiene que establecer un nuevo punto de partida, un nuevo objetivo para practicar la siguiente vez.

A continuación encontrarás actividades a modo de ejemplo sobre las que puede girar tu trabajo improvisatorio. Repetir sin más no es demasiado aconsejable en la mayoría de los casos en tanto que se necesita flexibilidad mental y física. Por poner un ejemplo, una escala puede trabajarse de casi infinitas maneras:

- Con una mano.
- Mitad con una, mitad con otra.

- Ascendente con una mano, descendente con la otra (movimiento contrario).
- Crescendo al subir y viceversa al bajar.
- Al revés.
- Una mano crece mientras la otra decrece.
- Blancas contra negras y viceversa.
- Con acentos cada dos, tres, cuatro notas, etcétera.
- Con acentuación asimétrica: por ejemplo no acento, sí acento, no acento, no acento, sí acento (sucesión de dos y tres).
- Omitiendo notas.
- Repitiendo diferentes grados a elección.
- En canon.
- Combinando y superponiendo diferentes articulaciones (*legato*, *staccato*, *portato*).

En la siguiente parte de la sesión de improvisación se debería ya elegir algún tipo de elemento rítmico, melódico o armónico que permitiera ser trabajado de manera variada.

⌕ INVESTIGA 2: **"Los puntos cardinales musicales"**

Metafóricamente, se podría decir que hay cuatro factores que se deben tener siempre presentes a la hora de improvisar: el instrumento (qué puede ofrecer, sus límites), el cuerpo (sus posibilidades), la partitura (que no es necesaria como punto de partida en la improvisación) y el sonido (lo más importante, el resultado). Hay que tener en cuenta que la música improvisada es siempre un proceso, no solo es el objeto resultante. Para ello puede ser interesante plantearse las siguientes preguntas: ¿qué puede ofrecer tu instrumento?, ¿qué no has escuchado en él que crees que sería posible? (aventúrate a unir ideas lejanas, conceptos que parezcan imposibles), ¿qué movimientos no usas en tu técnica?,

¿tus dedos realizan todos los gestos posibles?, ¿y tus bra-zos?, ¿puedes tocar con y sin partitura?, ¿puedes estudiar una obra sin piano y con partitura?, ¿y sin partitura y sin piano? (audición interior), ¿imaginas las notas al improvi-sar?, ¿eres capaz de escuchar una obra y comenzar a decir internamente las notas en cualquier tono?

INVESTIGA 3: "Pasando una «pantalla» o nivel del juego musical"

Plantéate en qué etapa de tu desarrollo musical estás, qué sucede en tu mente cuando tocas. Mientras más avances en este listado por ese orden, enhorabuena, ¡más etapas habrás superado. De menos a más, debes apreciar una evolución, revisando los siguientes ítems:

a) Estar más pendiente de la medida, del «conteo».
b) Pensar en el nombre de las notas.
c) Ser capaz de escuchar cualquier obra en cualquier tono, desde el nombre azaroso que le des a la primera nota que escuches —oído relativo—.
d) Oír sonidos más abstractamente, sin el nombre de las notas.
e) Prestar atención a su dinámica, a cómo evoluciona.
f) Escuchar los armónicos, poner atención a la mezcla de ellos en los acordes.
g) Fluir: se obtiene cuando tu pensamiento y tu creación van de la mano en el tiempo.

ᘓᕩ ᘓᕩ ᘓᕩ ᘓᕩ ᘓᕩ ᘓᕩ

EXPLORA 5: "Calentando"

Crea con solo una mano dos voces, toca lo que desees pero siempre tienen que estar sonando dos líneas melódicas. Esto es lo que se conoce en música como «preludio», palabra que viene del latín *pre-ludus*, lo que hay antes del «juego musical», la obra (recordemos que los anglosajones no «tocan» sino que tienen una relación más lúdica con la música, «they *play* the piano»).Puede servirnos para un doble objetivo: calentar los dedos, no necesariamente estando atentos al sonido, sino a las sensaciones físicas, propioceptivas. También un preludio sirve para «dar el tono», anticipar la sonoridad general de una obra posterior.

Con una mano interpreta dos voces distintas. Prueba:

a) Una fuerte, otra suave.
b) Una a negras, otra a blancas.
c) Una ascendente, otra descendente.
d) Una ligada, otra picada.
e) Saltos, grados conjuntos...

Da igual la sonoridad en el sentido de que se produzcan disonancias. Se trata ahora de habituar a una sola mano a interpretar ideas distintas.

ᘓᕩ ᘓᕩ ᘓᕩ ᘓᕩ ᘓᕩ ᘓᕩ

❧ ❧ ❧ ❧ ❧ ❧

EXPLORA 6: "**Del gesto al sonido**"

De la siguiente lista de gestos de la vida cotidiana, escoge varios y «tradúcelos» en sonido, es decir: has de poner la mano en el teclado, realizar el movimiento, desplazarla por distintas zonas del teclado y escuchar el efecto producido. Si te parece estéticamente interesante puedes incorporarlo a tu repertorio musical.

Por orden alfabético:

- Agarrar.
- Amasar.
- Andares de animales diversos (hormigas, perezosos, elefantes...).
- Apoyar antebrazos en distintos momentos («como una ola»).
- Apretar una esponja.
- Arrastrar.
- Boxear.
- Dar la mano.
- Deslizamiento.
- Pinzar.
- Rebotes.
- Saludar con los dedos cerrados cual majestad.
- Temblores, templeques de distintos tipos.
- Volar.

Variantes: prueba con distintos grados de velocidad, de fuerza, con los dedos más abiertos y más cerrados...

❧ ❧ ❧ ❧ ❧ ❧

(🔍) INVESTIGA 4: **"Tu lugar en el mapa de la música"**

Se puede decir que una persona detiene su «reloj estético», es decir, que solo aprecia la música hasta una determinada época. Por ejemplo, hay personas que no suelen escuchar más allá del lenguaje impresionista; otras, por ejemplo, no más allá del jazz de los años cincuenta. Se propone en esta actividad que abras tu mente y tu oído y «pongas en hora» tu capacidad de valorar, entender y disfrutar otras músicas. Investiga qué lenguajes musicales hay después del último que «aceptas», de aquel que ya te parece «la barrera» o «tope». Haz una lista e intenta leer y escuchar sobre nuevos estilos. Mantén tu mente abierta, permítete explorar, libérate de prejuicios musicales; disfruta de los sonidos, ya los analizarás después, la sonoridad va antes que las normas, lo sonoro antes que lo escrito; propicia que avance la música, crea un estilo nuevo o al menos propio.

꧁ ꧁ ꧁ ꧁ ꧁ ꧁

EXPLORA 7: **"Las emociones"**

Conecta tu interpretación con una o varias de las siguientes emociones:

- Primarias: cólera, alegría, tristeza, miedo.
- Secundarias: sorpresa, vergüenza, amor, aversión.

Si te parece difícil podrías asignarle a cada una de ellas uno de los siguientes «polos» con los que construir tus ideas:

- Rápido/lento.
- Fuerte/suave.
- Agudo/grave.

E ir «afinando» progresivamente con los siguientes:
- Acelerando/desacelerando (agógica o movimiento, velocidad).
- Creciendo/decreciendo (dinámica o volumen).
- Ascendiendo/descendiendo (las notas, frecuencias).

Y finalmente añadiendo:
- Ligados/separados —*legato* o sonidos unidos versus *staccato*— (articulación).
- Acentuación binaria/ternaria.
- Grados conjuntos/saltos.

Ejemplo: la tristeza podría musicalizarse con una frase lenta, suave, grave, desacelerando, decreciendo, descendiendo, ligada, binaria y grados conjuntos.

✥ ✥ ✥ ✥ ✥ ✥

EXPLORA 8: **"Improvisando música sobre textos"**

En el sentido de crear una música incidental para un poema o una prosa poética, no de hacer una canción. Basado en el ejercicio anterior, se trata de captar cuál es el «ambiente general» que propone un texto en función de su significado y realizarlo. Si se producen cambios importantes en los estados anímicos de los personajes, las situaciones, los fenómenos atmosféricos, la naturaleza (por ejemplo, noche/día, borrasca/buen tiempo...), debería reflejarse también en la improvisación. Para ello es útil usar un «recorrido» escrito o «mapa» de emociones. Se recomienda trabajarlo con textos de Federico García Lorca, Rafael Alberti o Juan Ramón Jiménez (por ejemplo, *Platero y yo*) por la gran musicalidad implícita en estos autores, entre otros.

✥ ✥ ✥ ✥ ✥ ✥

❧ ❧ ❧ ❧ ❧ ❧

EXPLORA 9: "Improvisar sobre obras pictóricas"

Frente al ejercicio anterior, en que la música puede seguir la lectura en tiempo real de un poema o texto, la música, al ser un arte en el tiempo, casa más difícilmente con las artes en el espacio (como también la arquitectura). Aun así, es posible hacer translaciones de un arte al otro para hallar estímulos, y pueden compatibilizarse. V. Kandinsky y A. Schönberg, por ejemplo, exploraron, entre otros, estas afinidades mutuas. Se propone que se intenten musicalizar algunos de los cuadros del pintor aludido. ¿Cómo recorrerá tu vista el cuadro? ¿En qué sentido? Esto puede condicionar mucho el resultado de la improvisación.

❧ ❧ ❧ ❧ ❧ ❧

EXPLORA 10: "Que todos los tonos sean iguales de fáciles para ti"

Muchas veces se estudia demasiado pensando desde *do* Mayor, y cualquier otra tonalidad puede parecer un obstáculo, un hándicap. En realidad, y desde el advenimiento del temperamento igual, la única diferencia de tocar en *do* Mayor y en *re* Mayor es la altura (si tocamos desde una segunda por encima, todo sonará un tono más agudo, si bajamos una séptima, todo sonará bastante más grave). Aunque haya teclados que permitan transportar (con el botón o la función «transpose») sin cambiar la ejecución, algo que existe desde antes de la electrónica (algunos armonios antiguos podían mover directamente el teclado a derecha o izquierda), como músico tienes mucho que ganar al saber transportar de manera directa mentalmente. Conocerás mejor los fundamentos de la tonalidad mediante la prácti-

ca del transporte. Como hay doce teclas (tonos) y la sema-
na tiene siete días, podrías establecer un hábito practican-
do dos diarios (si incluyes los menores serían cuatro) y te
sobra un día semanalmente para repasar. Comienza por
motivos simples (dos notas, tres…), incrementa la dificultad
progresivamente añadiendo acordes y, finalmente, esquemas armónicos.

Ejemplo de planificación semanal:

- Lunes: *do* y *do* sostenido Mayores y/o menores.
- Martes: *re* y *mi* bemol Mayores y/o menores.
- Miércoles: *mi* y *fa* Mayores y/o menores.
- Jueves: *fa* sostenido y *sol* Mayores y/o menores.
- Viernes: *la* bemol y *la* natural Mayores y/o menores.
- Sábado: *si* bemol y *si* natural Mayores y/o menores.
- Domingo: descanso o repaso de los que hayan presen-
  tado mayor dificultad.

❧ ❧ ❧ ❧ ❧ ❧

EXPLORA 11: "Fusionar"

Hibridar estilos es divertido y una actividad muy recomendable. Al fin y al cabo todos procedemos de un padre y una
madre. La música puede combinar no solo dos estilos en
uno, sino varios más. Puedes realizar una actividad en la
que fusiones dos estilos de distintas maneras (melodía/rit-
mo/armonía):

a) Una melodía dada de un tango con una armonización
   más jazzística.
b) La misma melodía de tango con su propio esquema armónico original con ritmo de blues.
c) Una melodía de blues con su propio esquema armónico de blues con ritmo de tango.
d) Una melodía de blues con armonización de tango.

Como verás, ya solamente combinando dos estilos con tres elementos musicales existen muchas opciones diversas, muchas posibilidades. Abre más el abanico incluyendo instrumentación propia de otros estilos, texturas diferentes a las habituales y/o combinando más de dos estilos en una misma improvisación.

ঔ৹ ঔ৹ ঔ৹ ঔ৹ ঔ৹ ঔ৹

4

CÓMO DESARROLLAR LA IMPROVISACIÓN AL PIANO

En este capítulo se desgrana el trabajo más concreto de los elementos constitutivos del lenguaje musical y se estructura de manera progresiva siguiendo el orden de melodía, ritmo y armonía.

4.1. Trabajando la melodía

❧ ❧ ❧ ❧ ❧ ❧

EXPLORA 12: "Memorizar la sonoridad de los intervalos"

Toca un intervalo y busca una canción o estribillo que comience por ese intervalo. Familiarízate con los intervalos asociando el comienzo de una canción con cada uno de ellos. Es más sencillo que cada uno elabore su propia lista con aquellos temas que le son más conocidos. No es obligatorio que sea siempre el comienzo, aunque sí deseable, para recordarlo de manera más súbita, directa. En una misma obra puedes escoger diferentes momentos que te sean especialmente llamativos. Por ejemplo, la introducción de *Superman* presenta una quinta justa descendente; el tema principal comienza con unísono y quinta ascendente, y al final de la frase hay insistencia en la séptima Mayor ascendente.

Variante: sobre un conjunto de canciones que conozcas clasifícalas por su intervalo de comienzo. Hay un total de 24 (doce ascendentes sin rebasar la octava y otros doce descendentes). Puedes hacer bromas musicales con este trabajo y hacer «como que» vas a iniciar una obra y presentar finalmente otra, o incluirla como «cita» casual durante una improvisación libre.

⁓ ⁓ ⁓ ⁓ ⁓ ⁓

EXPLORA 13: **"Escala acumulativa"**

Prueba a tocar una escala de cinco notas, añadiendo una nota más cada nueva repetición.

Variante: partiendo de la escala cromática, ves restando cada vez una nota.

⁓ ⁓ ⁓ ⁓ ⁓ ⁓

EXPLORA 14: **"Teclas «en mudo»"**

Pisa algunas teclas al azar y pasa por el teclado (por ejemplo, si dejo en mudo las teclas *mi*, *fa* y *la*, el resultante, si ejecuto *do* Mayor, sería *do*, *re*, *sol* y *si*).

⁓ ⁓ ⁓ ⁓ ⁓ ⁓

EXPLORA 15: **"Inventando motivos"**

Para crear ideas melódicas sencillas existen básicamente cuatro opciones o caminos:

- Que la siguiente nota se repita.
- Que la siguiente nota ascienda.
- Que la siguiente nota descienda.
- Que se produzca un silencio.

Cuánto asciende o desciende es todo un arte. Puede ayudarte pensar en el contorno o dibujo que hace esa melodía, especie de trazo, huella que deja un patinador imaginario sobre hielo (la huella es el sonido pasado, y la pista de hielo el tiempo). Inventa primero motivos de dos notas, luego de tres, y así progresivamente. Puedes escribir los que más te gusten para futuras creaciones.

꩜ ꩜ ꩜ ꩜ ꩜ ꩜

EXPLORA 16: ''**Sobre un dibujo crear distintas melodías**''

Imagina un breve trazo, ascendente, descendente, mixto (A/D, D/A). Sobre tu dibujo mental crea motivos de tres maneras:

- Con los intervalos mínimos posibles en el teclado, los semitonos, es decir, usando fragmentos de escalas cromáticas. Puedes poner cada dedo en una tecla sin saltar ninguna contigua, incluyendo todas, las blancas y las negras, o bien usando una digitación (numeración de los dedos comenzando por el pulgar como primero) más simple con el dedo pulgar en la blanca y el corazón o medio (tres) en la negra, salvo cuando encuentres dos blancas; en ese caso habrá que utilizar el dedo índice.

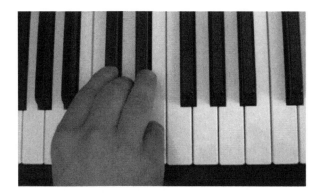

- Con intervalos de tono y algunos semitonos (diatónicamente), es decir, en una posición algo más abierta de la mano, con los dedos algo más extendidos, colocados como si fueras a tocar una escala.
- Con intervalos mínimo de tercera, con los dedos más abiertos, como si fueras a tocar un arpegio.

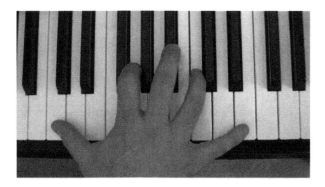

Ejemplo: un trazo pequeño ascendente descendente podría trasladarse a sonido de las tres maneras siguientes: *do, do* sostenido, *re, re* bemol, *do, do, re, mi, re, do* y *do, mi, sol, mi, do* (puede este último abrirse más: *do, fa, si, fa, do,* por ejemplo).

ঔ৯ ঔ৯ ঔ৯ ঔ৯ ঔ৯ ঔ৯

๙๛ ๙๛ ๙๛ ๙๛ ๙๛ ๙๛

EXPLORA 17: "Variedad rítmica"

Toma uno de los motivos anteriores y prueba a cambiarle el ritmo, por ejemplo, las que antes eran largas pasarán a ser cortas, y viceversa. Inventa otros ritmos.

๙๛ ๙๛ ๙๛ ๙๛ ๙๛ ๙๛

EXPLORA 18: "Espejitos mágicos"

Del mismo modo que existen algunos tipos de espejos que te devuelven una imagen distorsionada de la realidad (más alto, más delgado, boca abajo…) en música podemos mirar una idea melódica desde diferentes ópticas. Si partimos de la secuencia *do re mi fa do*, nos hallaríamos ante su inversión si tocamos luego *do si la sol do* (lo que asciende desciende, y viceversa), y ante su retrogradación si tocamos *do fa mi re do* (hemos leído hacía atrás nuestra idea). *Do sol la si* do es la retrogradación de la inversión. Hay motivos que por su simetría no se pueden retrogradar, por ejemplo, *do mi sol mi do*. El resultado es el mismo.

๙๛ ๙๛ ๙๛ ๙๛ ๙๛ ๙๛

EXPLORA 19: "Encadenando motivos melódicos"

Desarrollar un motivo tiene mucho que ver con cómo unimos las diferentes ideas. Una sugerencia es que «muevas» el motivo que inventes «arriba» y «abajo». Por ejemplo: si partes de *do re mi re do*, luego puedes tocar *re mi fa mi re*, o descendiendo *si do re do si*. Esto no es transportar porque no se respetan las mismas distancias exactas de tonos o semitonos, sino realizar una progresión de tu idea.

❧❧ ❧❧ ❧❧ ❧❧ ❧❧ ❧❧

EXPLORA 20: **"Escaleras mecánicas"**

Tu idea melódica simple puede desplazarse o encadenarse de muchas maneras, como si el pentagrama fuera una escalera que hace ascender o descender el motivo en bloque. Prueba las siguientes opciones, partiendo todos siempre de *do re fa*:

- Sube la idea una tecla blanca: *re mi sol, mi fa la, fa sol si...*
- Toca el motivo desde la última tecla del anterior: *fa sol si, si do mi, mi fa la...*
- Toca el motivo desde la siguiente a la última: *sol la do, re mi sol, la si re...*
- Lo mismo que los anteriores pero descendentemente; ejemplo con el primero: *si do mi, la si re, sol la do...*
- Combinaciones: por ejemplo, sube dos posiciones y baja una (y sigue subiendo dos) o baja tres posiciones y sube una (y sigue bajando tres): *mi fa la, re mi sol, sol la do, fa sol si...*
- Transporte: fija un intervalo (por ejemplo, segunda menor) y un sentido (por ejemplo, descendente): *si do* sostenido *mi, si* bemol *do mi* bemol, *la si re...*

❧❧ ❧❧ ❧❧ ❧❧ ❧❧ ❧❧

EXPLORA 21: **"Variando tus melodías"**

Inventa una melodía con la mano derecha de cuatro compases en compás binario a un tempo *moderato* que te permita pensar en el motivo que acabas de crear. Repítelo varias veces. Sustituye los segundos tiempos de cada compás por una nota diferente. El oído te llevará a buscar una cierta coherencia. Si hay saltos el oído tiende a «rellenar» melódicamente entre los extremos del intervalo, es decir, habitualmente los grados conjuntos son más utilizados para crear melodías que un *continuum* de saltos.

⋰⋱ ⋰⋱ ⋰⋱ ⋰⋱ ⋰⋱ ⋰⋱

EXPLORA 22: "Contraste en la línea de la melodía"

Crea una idea que contenga al menos un salto de quinta o más grande. En música tonal existe una tradición o tendencia a que tras un intervalo amplio la melodía continúa con grados conjuntos en sentido contrario. Ejemplo, si has tocado *do la* ascendiendo una sexta, prueba después la nota *sol* descendiendo una segunda.

⋰⋱ ⋰⋱ ⋰⋱ ⋰⋱ ⋰⋱ ⋰⋱

EXPLORA 23: "Melodías por terceras"

Inventa una melodía en *do* Mayor y después toca la misma con un molde de acordes por tercera (puedes usar la digitación o numeración de los dedos comenzando por el pulgar como primero, 1-3, 2-4 o -3-5).

Variante 1: haz lo mismo con molde de sexta (porque son las mismas notas en inversión). Hay cuatro formas pues de comenzar. Desde *do*: *do mi, do mi* (más grave esta segunda nota) *do la* (grave), *do la* (agudo). Elige cuál te gusta más o cuál suena mejor según tu criterio y realiza una versión combinando las cuatro posibilidades de modo que obtengas la más eufónica.

Variante 2: inténtalo ahora alternando distintas digitaciones de modo que puedas producir un sonido ligado, unido.

⋰⋱ ⋰⋱ ⋰⋱ ⋰⋱ ⋰⋱ ⋰⋱

෴ ෴ ෴ ෴ ෴ ෴

EXPLORA 24: **"Improvisando con teclas negras"**

Es un ejercicio intuitivo y sencillo que permite crear melodías en base a una escala pentatónica. Debido a que no existen semitonos usando exclusivamente teclas negras (anhemitonía) es más fácil proponer un acompañamiento. Si se explora a dos manos puede acompañarse: con bordones (*fa* sostenido *do* sostenido; *mi* bemol *si* bemol; *do* sostenido *sol* sostenido; *la* bemol *mi* bemol), con acordes tríadas (*fa* sostenido Mayor y/o *mi* bemol menor), con notas pedales (largas)… Si se improvisan dos melodías simultáneamente los únicos intervalos disonantes serían los provocados por teclas conjuntas (segundas Mayores, desde las teclas *do* sostenido, *fa* sostenido y *la* bemol) o las inversiones de estas (séptimas menores) que se producen desde las teclas *mi* bemol, *la* bemol y *si* bemol.

෴ ෴ ෴ ෴ ෴ ෴

EXPLORA 25: **"Mil maneras de variar"**

Toma un motivo, por ejemplo, *do re mi*, y transfórmalo paso a paso de muchos modos:

- Añadiendo mordentes cromáticos ascendentes a cada nota: *si do, do# re, re# mi.*
- Añadiendo rápidos dobles y triples mordentes ascendentes (a lo Errol Garner o Diana Krall): *la sib si do, si do do# re, do# re re# mi* (ejemplo con tres notas extrañas).
- Añadiendo mordentes descendentes (es más eufónico, generalmente, hacerlos diatónicamente): *re do, mi re, fa mi.*

- Cromáticamente (rellenado cualquier intervalo que no sea semitono): *do do# re re# mi.*
- Por saltos de tercera diatónica ascendente desde todas sus notas: *do mi, re fa, mi sol.*
- Lo mismo descendente: *do la, re si, mi do.*
- Lo mismo con saltos de cuarta ascendente: *do fa, re sol, mi la,* y descendente: *do sol, re la, mi si.*
- Por doble floreo comenzando por la nota superior: *do re si do, re mi do(#) re, mi fa re(#) mi,* o por doble floreo comenzando por la nota inferior: *do si re do, re do(#) mi re, mi re(#) fa mi.* Entre paréntesis se indica que esa nota puede ser alterada o no (diatonismo); parece más eufónica con el sostenido para que haya sensibilización.
- Lo mismo cromáticamente la nota superior: *do re♭ si do, re mi♭ do# re, mi fa re# mi* y comenzando por la inferior.
- Una nota repetida: *do sol* (agudo o grave) *re sol mi sol, re sol mi sol fa sol, mi sol fa sol sol* (distinto o no) *sol,* etcétera.

No hay que olvidar la práctica de motivos descendentes y alternar distintas maneras de variar la melodía una vez se dominen las maneras descritas.

⁖ꕥ ⁖ꕥ ⁖ꕥ ⁖ꕥ ⁖ꕥ ⁖ꕥ

EXPLORA 26: **"Parecidos razonables"**

Sobre una melodía breve que te hayas inventado intenta «decorarla» de las siguientes formas:

- «rellenando» o completando los intervalos grandes con la escala cromática que vaya muy rápidamente desde la nota más grave a la más aguda de tu melodía inicial.
- Añadiendo un trino en alguna de las notas, especialmente las largas.

- Añadiendo mordentes (notas muy rápidas que vamos a hacer a distancia de semitono inferior sobre las notas reales y tocaremos casi de manera simultánea, como si fuera un roce o equivocación). No abuses de este recurso. Cuando un efecto es utilizado en exceso se puede convertir en un defecto.
- Añadiendo grupetos, que pueden ser de muchos tipos.

Variante 1: nota real (omisible), nota inferior, preferiblemente semitono por ser eufónico (por sensibilización), nota real, nota superior (la que sea de la escala diatónica, es decir, tono o semitono conforme a la escala de la tonalidad), nota real.

Variante 2: por inversión, nota real (omisible), nota superior, nota real, nota inferior, nota real. Generalmente son rápidos aunque también se pueden ejecutar a tempos más lentos (ejemplo: inicio del tema de oboe en la B.S.O. de *La misión*).

⋰⋱ ⋰⋱ ⋰⋱ ⋰⋱ ⋰⋱ ⋰⋱

EXPLORA 27: **"Solo no puedo, con amigos sí"**

Para darle más interés a tu improvisación puedes sumar a tu melodía nuevas voces, simultáneas o sucesivas, variando la textura de la misma. Dadas las notas de tu melodía, sobre cada una de ellas podrías:

- Octavarlas.
- Hacer octava quebrada.
- Variante de la anterior, sobre cada nota tocar la octava inferior.
- Tercera y octava (también en acorde o en arpegio, muy rápidos o más lentos).
- Notas repetidas.
- Saltos de dos octavas.

- Acordes paralelos a tu melodía con terceras, quintas o sextas y octavas
- Octavas repetidas (prueba con dos, tres, cuatro notas por cada una de la melodía original).
- Combinaciones de todas estas.

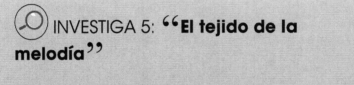

INVESTIGA 5: "El tejido de la melodía"

Melodía compuesta, melodía compleja, instrumentos monódicos o monofónicos, melodía y fractales, imitación, *fortspinnung*.

EXPLORA 28: "Sonoridades modales"

Un modo no es más que una escala en la que la posición de los tonos y semitonos varía respecto a otra escala. Es un esquema de ellos, se puede mantener constante comenzando por cualquier nota de la escala (usando las teclas negras en este caso, transportando).

Si se comienza a tocar una escala por cualquier tecla blanca y solo se emplean las teclas blancas se percibirá que la posición de los semitonos varía. Esto hace que se creen diferentes sonoridades y son lo que se han denominado «modos». La denominación de los modos ha variado a lo largo de la historia, sucediendo que un mismo modo o escala característica se ha llamado con dos nombres en distintas épocas y también dos modos distintos han llegado a tener el mismo nombre, lo cual puede inducir a confusiones en función de la publicación que leas.

En este libro se emplea la denominación más usual en la música moderna, la denominación griega (pero asociada a los modos gregorianos derivados de los octoechos bizantinos). Por ejemplo: el modo dórico para los griegos antiguos era *mi*, y para los gregorianos (con nombre griego) era *re*. Se usará la palabra griega referida al modo medieval: modo dórico=escala de teclas blancas comenzando por *re*.

Así tenemos la siguiente equivalencia, comenzando por *do*, el modo jónico (el modo Mayor tradicional), por *re* dórico, etcétera... Realiza las escalas solo con teclas blancas comenzando desde:

- Jónico: *do*
- Dórico: *re*
- Frigio: *mi*
- Lidio: *fa*
- Mixolidio: *sol*
- Eolio: *la*
- Locrio: *si*

Nos familiarizaremos con estos «colores», que nos pueden recordar estilos antiguos o zonas o países lejanos o exóticos, recorriendo el teclado a partir de la tecla que quieras, solo teclas blancas.

Variante 1: prueba a tocar utilizando un único modo, asciende y desciende por grados conjuntos, es decir, de una tecla a la siguiente contigua, parando en una tecla determinada, siempre la misma: esa será la que defina el modo. Otra manera de definir el modo o sonoridad será: acentuándola más o colocándola siempre en el primer tiempo del compás que elijas (para darle más protagonismo). Intenta algunos saltos pequeños y después más grandes.

Variante 2: encuentra la misma sonoridad comenzando desde otra tecla. Por ejemplo, la sonoridad de la escala de *fa* en teclas blancas es igual a comenzar por *do* tocando el *fa* sostenido. Así, habiendo 12 teclas por las que comenzar y 7 escalas modales, nos surgen (multiplicando) un total de 84 escalas a practicar. ¡Ánimo y paciencia!

Sugerencia: Se recomienda practicar más veces los modos característicos más usados (dórico, frigio, lidio y mixolidio), ya que el Mayor (jónico) y el menor (eolio) son la base del aprendizaje musical y de la música tonal y ya se habrán practicado previamente. Se excluye el modo locrio por ser muy eufónico, no sonar muy consonantemente y usarse raramente. Se reduce así el número a 4 modos, empezando por cualquiera de las 12 teclas del piano: 48 escalas (casi reducido a la mitad de la cifra total del anterior párrafo).

Si procedes por quintas justas descendentes te será más fácil por ir incorporando cada vez una tecla negra más: ejemplo: *re* dórico (0 negras), *sol* dórico, quinta descendente de la anterior (1 negra, incluye *si* bemol), *do* dórico, lo mismo (2 negras, incluye *si* bemol y el *mi* bemol), *fa* dórico (3 negras, incluye *si* bemol, *mi* bemol y *la* bemol), y así sucesivamente.

Ascendiendo quintas justas también encontramos el mismo orden de incorporación de teclas negras (que sigue el orden de sostenidos, por otro lado): partiendo de *re* dórico, la siguiente quinta ascendente sería *la* (1 negra, *fa* sostenido), *mi* dórico, quinta ascendente de la anterior (2 negras, *fa* sostenido y *do* sostenido), *si* dórico, lo mismo (3 negras, *fa* sostenido, *do* sostenido y *sol* sostenido), y así sucesivamente.

Un recurso mnemotécnico para recordar la estructura de tonos y semitonos de los modos más característicos es asociar las teclas blancas con sus nombres en orden ascendente, es decir. Si empiezas por *do* se hace la jónica (M) y sucesivamente, dórica, frigia, lidia, mixolidia, eolia (m natural) y locria. Para recordarlas se recomienda el uso un acrónimo, dándose por sabidas *do* y *la*, omitiendo *si* por infrecuente, tal y como, desde la tecla *re*: remifasol=«dofrilimi», donde «do» es la abreviatura de dórico, «fri» de frigio, «li» de lidio y «mi» de mixolidio.

Cuando se han practicado y analizado se llega a las conclusiones siguientes:

- Dórica es cualquier escala menor natural a la que le subo el sexto grado un semitono.
- Frigia es cualquier escala menor natural bajando un semitono el segundo grado (a veces, en la práctica, el tercer grado puede ser excepcionalmente Mayor, sin perder el carácter modal frigio).
- Lidia es cualquier escala Mayor con el cuarto grado subido un semitono.
- Mixolidia es cualquier escala Mayor con el séptimo grado rebajado un semitono.

Variante 3: si superas el ámbito de una octava ya has tocado más de un modo, por tanto fíjate que define en qué modo estás al tocar todas las blancas de tu teclado, en cuál comienzas, o a cuál tu mente decide prestar atención como «la primera». Ejemplo: en *do re mi fa sol la si do re* (agudo) puede entenderse que se ha tocado el modo jónico (*do*) más una nota o el modo dórico (*re*) comenzando por una nota anterior.

Variante 4: es interesante asociar sinestésicamente cada modo a las sensaciones que nos puedan producir: nos recuerda la sonoridad de un determinado país o región, un sentimiento concreto o una palabra determinada. Es un ejercicio subjetivo. Aquí hay una posible translación de sonoridad/sensación a modo de ejemplo:

- Dórica: Roma antigua, religioso, gregoriano.
- Frigia: Andalucía, hondo, flamenco.
- Lidia: Italia/Hungría, seductor, luminoso.
- Mixolidia: EE.UU., tensión, jazz.

❦ ❦ ❦ ❦ ❦ ❦

EXPLORA 29: "«Escarpegio» o «arpescala»"

Observa esta secuencia: *do* (*re*) *mi* (*fa*) *sol* (*la, si*) *do*. Si se omiten las notas entre paréntesis estamos ante un acorde arpegiado, y si se tienen en cuenta todas, nos hallamos ante una escala. Por lo tanto, de un acorde nace una escala, si se añaden las notas que no aparecen en el mismo, y viceversa, una escala lleva en potencia, en su interior, un acorde característico. Podríamos decir que un arpegio es como el resumen de una escala, y esta el «desarrollo» de un arpegio.

Se propone aquí tocar las escalas modales y obtener las notas de su acorde para practicar arpegios sobre estas (1.ª, 3.ª, 5.ª —omisible opcionalmente—, 7.ª, opcional 9.ª, que podrías tocar como 2.ª también). Se asocia cada acorde a cada escala, ejemplo: un acorde perfecto Mayor con séptima menor a la mixolidia, y un acorde perfecto menor, por ejemplo, a la dórica.

Un músico cuando improvisa no tiene por qué estar cambiando constantemente de escala. Al analizar la estructura armónica (anotando especialmente dónde se producen las modulaciones, a qué tonalidades, etcétera) de una pieza es posible generalmente improvisar utilizando un mismo modo durante bastantes compases, empleando aquellas notas comunes de una secuencia de acordes determinada, sobre todo si la pieza es de tempo rápido (si fuera de otra forma, los improvisadores sobre esquemas armónicos dados pudieran parecer «robots-aplica-escalas» a velocidad de menos de un segundo). Un cambio de acorde en una composición no tiene por qué significar un cambio de escala, sino que se utilizan las mismas notas pero comenzando por otro grado. Por ejemplo: la escala de *do* Mayor sirve para improvisar sobre los acordes de *do* Mayor, *re* menor, *mi* menor, *fa* Mayor, *sol* Mayor, *la* menor y *si* disminuido.

Variante 1: inventa diferentes escalas para un mismo acorde, rellenando de diversas maneras los grados 2.°, 4.°, 6.° y 7.°.

Variante 2: elabora una tabla para tener claro qué escalas combinan con qué acordes: por ejemplo, con el acorde perfecto Mayor combinan muy consonantemente los modos jónico, lidio y mixolidio, así como la escala cromática (la escala multiuso al tener todas las notas de todos los acordes posibles, ser el «alfabeto» musical; consejo: a mayor velocidad en la improvisación, menor sensación de posible disonancia) y pentatónica Mayor. La escala de blues, aunque tiene notas diferentes a las del acorde, se usa convincentemente en este y otros estilos (como especie de efecto vocal de lamento expresivo).

∾ ∾ ∾ ∾ ∾ ∾

EXPLORA 30: **"Una escala de arpegios"**

Practica de muchas maneras todos los acordes ascendiendo y descendiendo sobre las notas de una escala. Primero, para tener claras las estructuras, toca los siete acordes placados, compactos, en bloque, es decir, sonando todas las notas al mismo tiempo. Después prueba con los siguientes motivos melódicos:

- 1 3 5: *do mi sol, re fa la, mi sol si...*
- 5 3 1: *sol mi do, la fa re, si sol mi...*
- 1 3 5 3 1: *do mi sol mi do, re fa la fa re, mi sol si sol mi...*
- 1 3 5 3: *do mi sol mi, re fa la fa, mi sol si sol...*
- 1 3 5 y el siguiente 5 3 1: *do mi sol, la fa re, mi sol si, do la fa...*
- 1 2 3 5: *do re mi sol, re mi fa la, mi fa sol si...*

- 1 3 5 sensible del siguiente: *do mi sol do* sostenido, *re fa la re* sostenido, *mi sol si mi...*
- 1 3 5 6 5: *do mi sol la sol, re fa la si la, mi sol si do si...*

Un casi infinito etcétera (incluyendo apoyaturas, mordentes, notas de paso, trinos...).

Variante: en vez de sobre la escala de *do* Mayor, practica el mismo ejercicio sobre otras escalas, como las menores, lidias, etcétera.

৽৽৽ ৽৽৽ ৽৽৽ ৽৽৽ ৽৽৽ ৽৽৽

EXPLORA 31: **"Algunas opciones (a modo de resumen)"**

Toma una célula rítmica, melódica o un grupo de acordes y practica la repetición (a distintas velocidades), el contraste (¿qué sería algo opuesto a lo que suena?), el desarrollo (el motivo engendra elementos nuevos), el eco (intenta una repetición más suave, más aguda y/o más lenta), el diálogo de registros (la misma idea en distintas tesituras, nota a nota, grupo a grupo), la progresión (la misma idea comenzando por otra tecla, transportando o no), la cuadratura (cierra tus ideas dentro de límites de cuatro compases), la pregunta y respuesta o antecedente y consecuente (ideas que cierran y abren el discurso en función de sus notas finales), la fragmentación (cortar por diversos puntos), la deformación (estira, comprime, inserta, elimina partes de tus ideas musicales, etcétera), la imitación (a distintas alturas, velocidades, tipologías como retrogradación, inversión, y la suma de ambas o retrogradación invertida), etcétera.

৽৽৽ ৽৽৽ ৽৽৽ ৽৽৽ ৽৽৽ ৽৽৽

4.2. Trabajando el ritmo

Respecto al ritmo, uno de los elementos musicales que más juego da, debido a que las duraciones posibles que se pueden combinar son infinitas, se podría enfocar comenzando por grupos de dos valores distintos. Para ello, nos será útil, por ejemplo, el uso de los «metros griegos», combinatoria de duraciones cortas y largas.

ക്കു ക്കു ക്കു ക്കു ക്കു ക്കു

EXPLORA 32: "Juegos rítmicos"

Sobre tres notas, por ejemplo, *do*, *re* y *mi*, aplica estas duraciones, de modo que siendo dos, aparezcan combinaciones diferentes tipo Gerswhin: *do re*, *mi do*, *re mi*.

Grupos de dos valores:

- Troqueo: larga corta (podría ser negra y corchea, o blanca y negra, entre otras...).
- Yambo: corta larga.
- Espondeo: larga larga (en este caso acentuaremos, a nivel de dinámica, se entiende, la primera en una ocasión y la segunda para provocar diferencias).
- Pirriquio: corta corta (igual que en el caso anterior la nota por la que se comience el ejercicio marca la percepción, igualmente la nota a partir de la cual el oyente comienza a prestar atención, aunque si no se producen variaciones dinámicas hay una cierta tendencia psicológica a agrupar desde la nota más grave).

Grupos de tres (dos valores en tres posiciones):

- Dáctilo: larga corta corta.
- Anapesto: corta corta larga.
- Tríbaco: tres largas.

Prueba toda la combinatoria posible hasta un límite que te sea manejable: por ejemplo, grupos de cuatro interesantes: corta larga larga corta.

ଓଡ଼ ଓଡ଼ ଓଡ଼ ଓଡ଼ ଓଡ଼ ଓଡ଼

EXPLORA 33: "**Conservando el ritmo**"

Sobre teclas negras. Proponte un patrón rítmico sencillo, por ejemplo dos notas cortas y una larga, y aplícalo a una melodía existente o creada por ti.

Variante: vuélvela a tocar comenzando por el segundo sonido de tu melodía pero empezando por el primero del patrón rítmico, produciéndose así un «desplazamiento», un desfase de la melodía respecto del ritmo conforme a la primera idea.

ଓଡ଼ ଓଡ଼ ଓଡ଼ ଓଡ଼ ଓଡ଼ ଓଡ଼

EXPLORA 34: "*Chopin-pincho*"

O monja-jamón. Juego de palabras que sirve para explicar que cambiar el acento en un motivo que se repite puede variar su sentido. Desde el momento que se empieza a escuchar (equivaldría al acento) se le otorga un significado distinto. Ejemplo: prueba a tocar *do re mi re* repetidamente y añádele un acento cada dos notas, cada tres, cada cuatro y cada cinco. Luego comienza a tocar desde cualquiera de sus notas. Te servirá para ver las posibilidades de fraseo de un mismo motivo.

ଓଡ଼ ଓଡ଼ ଓଡ଼ ଓଡ଼ ଓଡ଼ ଓଡ଼

⋅৯৯ ⋅৯৯ ⋅৯৯ ⋅৯৯ ⋅৯৯ ⋅৯৯

EXPLORA 35: "Cambio de compás binario a ternario, y viceversa"

Si se es capaz de sentir la diferente agrupación de pulsos en torno a un acento, como si muchas obras «anduviesen a dos pies» (estadísticamente la mayoría) y otras como si lo hicieran a «tres pies», es una actividad interesante el transvase de un metro a otro, bien por adición de valor a una nota, de duración del sonido (para pasar de binario a ternario), o silencio, bien por sustracción (para pasar de ternario a binario). Ejemplo de paso de binario a ternario: a negras, es decir, todas las notas duran lo mismo, *do re, mi re*. Misma melodía en ternario: *do* blanca (doble de lenta que la siguiente) *re* negra, *mi* blanca *re* negra.

⋅৯৯ ⋅৯৯ ⋅৯৯ ⋅৯৯ ⋅৯৯ ⋅৯৯

4.3. Relación melodía/armonía

Una de las ventajas del análisis es que permite matizar adecuadamente las interpretaciones. Conocer el valor dinámico del juego de tensiones/distensiones que provoca la armonía (así como la relación entre las notas en la escala) dentro de la música tonal ayudará a darle coherencia a las estructuras improvisadas.

Las relaciones entre sonidos en la tonalidad

La quinta descendente es el principal motor. Se cuenta una anécdota de un famoso compositor que escuchó en su lecho de muerte una nota tocada al azar en su piano por otra persona. Se levantó y tocó la quinta descendente de la que escuchó para poder «morir en paz» (tonalmente hablando). Este eje central (*sol do*, tensión-distensión) puede llevarse a otras notas de la escala. En la secuencia *do fa*, el carácter de distensión pasa ahora a la última nota, siendo el *do* ambivalente. En realidad, en la música encontramos la polisemanticidad igual que en el lenguaje oral o escrito. Una persona puede ser padre e hijo al mismo tiempo. *Do* es tensión o relajación en función de lo que haya antes o después, de su contexto musical. El significado depende de las relaciones.

Se entiende por sensibilizada aquella nota con tendencia a resolver, atractiva, como puede ser ascendentemente, del VII al VIII o descendentemente del IV al III en el modo Mayor. Este juego de atracciones melódicas por semitono es una constante en la música occidental que ofrece una guía a la hora de matizar (más fuerte la primera nota que la segunda: por ejemplo, *si* que *do* o *fa* que *mi*, lo cual da origen a la sonoridad frigia, especie de «sensibilización inversa»).

Por otro lado, si invertimos la polaridad y en el acorde *sol si (re) fa*, *si* (que presentaría una resolución de quinta *sol-do* y dos de semitono, *si-do* y *fa-mi*) no resuelve en este sentido sobre el acorde *do* sino descendentemente por semitono *si* sobre *la* sostenido, y *fa*, entendido enarmónicamente como *mi* sostenido sobre *fa* sostenido (*sol* sobre *fa* sostenido igualmente), nos hallamos ante un nuevo acorde que es atraído (como un cuerpo celeste) de forma convincente sónicamente, al modo de las sextas aumentadas (sería una aplicación a gran escala de la atracción del semitono descendente, esta vez en forma de acorde). Luego, como imanes, unas notas atraen a otras y son repelidas por otras. ¿Cuáles? Tarea combinatoria del improvisador. Una nota aislada puede ser la quinta, la sensible o la segunda rebajada de la siguiente (de manera atractiva). *Fa* y *si* pueden resolver sobre *mi* y *do* o sobre *sol* bemol y *si* bemol. O el acorde de *sol* Mayor gravitar en torno a *do* Mayor, *fa* sostenido o *sol* bemol Mayores o, en menor medida (por carecer de una atracción de semitono) *la* bemol o *sol* sostenido Mayores.

Diagrama de sensibilización

❧ ❧ ❧ ❧ ❧ ❧

EXPLORA 36: "Finales de frases de V a I melódicamente"

Hay dos caminos básicos, ascendiendo, con cuatro notas en la escala diatónica, y descendiendo, con cinco. Prepara tu «arsenal» de finales «previsibles». Ordénalo conforme a tu gusto, según te parezcan más interesantes:

- Ascendiendo (cuatro notas, no necesariamente del segundo tetracordo)
  sol la si do
  sol si re do
  sol si mi do
  etcétera.
- Ascendiendo (con un pentacordo incluyendo algún cromatismo)
  sol sol sostenido *la si do*
  sol la si bemol *si do*
  sol la bemol *si* bemol *si do*
- Descendiendo (cinco notas primeras)
  sol fa mi re do (básico)
  sol fa re mi do
  sol mi fa re do
  sol re fa mi do
  etcétera.

(Manteniendo siempre *sol* y *do* a principio y fin de diseño.)

❧ ❧ ❧ ❧ ❧ ❧

EXPLORA 37: "Matizando una escala"

Tomemos por ejemplo *do* Mayor. La podemos tratar, en cuanto a su dinámica, de muchas maneras: acentuando cada dos, tres o cuatro notas, por ejemplo, o en un crescendo continuo desde la más grave a la aguda al ascender, o lo contrario. Si la queremos percibir dentro de un contexto tonal (conjunto de relaciones que se establecen entre los sonidos), parece lógico atribuir las siguientes intensidades en función de su participación en los grados tonales, siendo: *do* suave, *re mezzo piano, mi* suave, *fa* mezzo *piano, sol* fuerte, *la mezzo piano, si* fuerte, de modo que quedan dibujados como suaves la fundamental y la tercera del acorde de tónica, fuertes las mismas del acorde de dominante (con la sensible como nota con gran sensación de tensión, y en un plano intermedio, notas del acorde de subdominante o subdominante de segundo grado, más de paso y de menor intensidad al relacionarse con la dominante, y mayor al compararse con la tónica, que funcionaría como dominante de la subdominante).

Pueden pensarse, sinestésicamente hablando, en colores, como una especie de semáforo musical, correspondiendo a cada color su intensidad creciente en «tensión», y si pudiesen cantarse, evolucionarían en el tiempo creciendo o decreciendo, siendo:

- I, *do*, verde, suave, creciendo hacia
- II, *re*, amarillo, *mezzo piano*, decreciendo hacia
- III, *mi*, verde, suave, creciendo hacia
- IV, *fa*, amarillo, *mezzo piano*, creciendo hacia
- V, *sol*, rojo, fuerte, decreciendo hacia
- VI, *la*, amarillo, *mezzo piano*, creciendo hacia
- VII, *si*, rojo, fuerte, decreciendo hacia *do* nuevamente (octava superior).

Importante: cuidar la ortografía musical, para no llamar indistintamente a un sonido que ejerce una función clara; en principio, usar bemoles al descender y sostenidos al ascender, para que haya sensibles, o notas sensibilizadas si no son el séptimo grado de la escala.

৩৯৯ ৩৯৯ ৩৯৯ ৩৯৯ ৩৯৯ ৩৯৯

4.4. Trabajando la armonía

En este apartado se comienzan a desmenuzar los elementos de «la parte vertical» de una improvisación, es decir, usamos acordes.

Identificando los contornos o moldes de los acordes básicos

Intenta tocar el acorde de *do* Mayor y subirlo un semitono exactamente (una tecla, la contigua, si es blanca la siguiente será negra salvo que estemos en las teclas *mi* y *si*, si es negra te llevará indefectiblemente a una blanca). Verás que hay distintos moldes entendidos como el color de la tecla. Así, si el acorde tiene las cifras 1, 3 y 5, *do* Mayor sería: tecla blanca, blanca y blanca, y *do* sostenido Mayor sería, negra, blanca y negra.

Variante: sube y baja por el teclado con acordes a distancia de un tono, terceras menores y Mayores, cuartas justas y quintas justas.

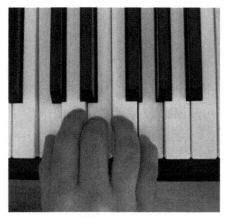

Molde blanca-blanca-blanca

❧❧ ❧❧ ❧❧ ❧❧ ❧❧ ❧❧

EXPLORA 38: "Contornos de acordes perfectos Mayores"

- Busca tres acordes Mayores con las tres teclas blancas. Hallarás que son *do* Mayor, *fa* Mayor y *sol* Mayor.
- Busca tres acordes Mayores con la forma blanca, negra, blanca (si los tocas con la izquierda, práctica recomendada, correspondería a los dedos 5, 3 y 1 sobre los grados I, III y V, coincidiendo que el tercer dedo se posa siempre sobre el III grado de la escala, por estar en el centro de la mano.

Molde blanca-negra-blanca

- Busca tres acordes Mayores con la forma negra, blanca, negra. Es decir, el reverso del ejemplo anterior. Fíjate que en los acordes de *re* bemol Mayor y *la* bemol Mayor hay que utilizar las dos teclas blancas que están en la mitad del acorde, a tocar con el dedo 3 (dedo que está en el centro en ambas manos, provocando simetría) la que está más lejos de la nota fundamental, la que está más a la derecha. En caso contrario hallaremos el acorde con la tercera menor.

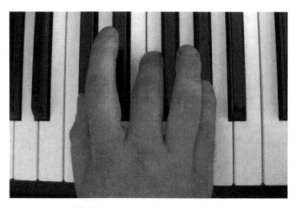

Molde negra-blanca-negra

❧ ❧ ❧ ❧ ❧ ❧

Atención: los diletantes que prefieren contar teclas blancas a intervalos exactos (tonos y semitonos) suelen confundirse y tocar acordes tales cuales los compuestos por estas tres notas (*mi fa* sostenido *si*, o *fa si* bemol *do* o *si* natural *do* sostenido *fa*), acordes que no son Mayores ni menores pero recuerdan el contorno de los acordes que se emplean (por buscar, erróneamente, dos o tres teclas blancas seguida de una negra).

Como hay doce teclas, existen doce acordes Mayores por tanto, y ya hemos explorado nueve; quedan tres cuyas formas son irregulares: blanca, negra, negra; negra, blanca, blanca; tres negras. ¿A qué tres acordes Mayores nos referimos?

Con el contorno de tres blancas hemos hallado *do* Mayor, *fa* Mayor y *sol* Mayor. Estos tres acordes podemos fácilmente asociarlos a los tres grados tonales, que son I, IV y V (tónica, subdominante y dominante). Por tanto, la tónica, si nos centramos en esos tres, sería *do* Mayor.

৩৯৬ ৩৯৬ ৩৯৬ ৩৯৬ ৩৯৬ ৩৯৬

EXPLORA 39: "**Asignando funciones armónicas**"

- Del grupo de blanca, negra, blanca —*re* Mayor, *mi* Mayor y *la* Mayor—, ¿cuál ejercería la función de I? ¿Cuál la de IV? Y por eliminación lógica, ¿cuál la de V?
- Del mismo modo, identifica la tónica en el grupo de negra, blanca, negra: *do* sostenido Mayor, *re* sostenido Mayor y *sol* sostenido Mayor. ¿Cuál ejercería la función de I? ¿Cuál la de IV? Y por eliminación lógica, ¿cuál la de V? Observa que estos acordes pueden ser fácilmente enarmonizados por *re* bemol Mayor, *mi* bemol Mayor y *la* bemol Mayor.

৩৯৬ ৩৯৬ ৩৯৬ ৩৯৬ ৩৯৬ ৩৯৬

Con los acordes de contornos o moldes irregulares no puede hacerse un grupo en el que se asocien las tres funciones armónicas a un mismo molde. Al menos dos acordes son utilizables en el tono de si Mayor, aunque no son de mismo molde como en el caso de los nueve acordes anteriores agrupados de tres en tres por identidad de disposición de color de tecla.

Atención a los acordes de si Mayor, si menor, si bemol Mayor y si bemol menor (o su ermonización a *la* sostenido). Todos los que engloban la nota si, bemolizada o no, tienen moldes irregulares, no simétricos, con dos teclas de colores iguales y una diferente en el siguiente orden, según se han citado más arriba:

- si Mayor: una blanca dos negras.
- si menor: dos blancas una negra.
- si bemol Mayor: una negra dos blancas.
- si bemol menor: dos negras una blanca.

Observa que tocar con grados tonales en tonos distintos a *do* Mayor, *la* Mayor y *la* bemol Mayor (en los que los grados tonales tienen el mismo molde, lo cual facilita mentalmente el transporte, al no tener que buscar qué molde tendrían estos acordes tan típicos) implica usar al menos dos moldes iguales. Por ejemplo:

En *sol* Mayor:
- I, *sol* Mayor, tónica: tres blancas,
- IV, *do* Mayor, subdominante, tres blancas,
- V, *re* Mayor, dominante, blanca negra blanca.

En *fa* Mayor:
- I, *fa* Mayor, tónica: tres blancas,
- IV, *si* bemol Mayor, subdominante: negra blanca blanca,
- V, *do* mayor, dominante: tres blancas.

En *re* Mayor:
- I, *re* Mayor, tónica: blanca negra blanca,
- IV, *sol* Mayor, subdominante: tres blancas,
- V, *la* Mayor, dominante: blanca negra blanca.

Es decir, como se comprueba en los ejemplos anteriores, al menos dos grados tonales tienen idéntico molde. La tarea sería estar atento a ver cuál es distinto una vez tocada la tónica, pues sabemos que o bien la dominante o la subdominante tendrán mismo molde en el modo Mayor en todos los tonos, salvo en el grupo de los «excepcionales»: *fa* sostenido o *sol* bemol, *si* y *si* bemol o *la* sostenido (menos frecuentemente enarmonizado).

También podemos realizar tres grupos de acordes menores de igual molde (y un grupo excepcional):

- Grupo de tres blancas: *re* menor, *mi* menor y *la* menor.
- Grupo de blanca, negra, blanca: *do* menor, *fa* menor, y *sol* menor.
- Grupo de negra, blanca, negra: *do* sostenido menor, *fa* sostenido menor y *sol* sostenido menor, o sus enarmónicos *re* bemol menor, *sol* bemol menor y *la* bemol menor.

■ Grupo de acordes con moldes irregulares (no coincidentes con los tres grupos anteriores y todos distintos): *mi* bemol menor (tres teclas negras, al igual que su hermano, su relativo *sol* bemol Mayor, o sus enarmónicos, *re* sostenido menor y *fa* sostenido Mayor), *si* bemol menor (negra, negra, blanca) y *si* menor (blanca, blanca, negra).

Es importante tener en cuenta que el acorde de V grado en el modo menor debería ser por regla general un acorde perfecto Mayor, es decir, con la tercera a distancia de dos tonos, o tercera Mayor (siendo el mismo que en el modo Mayor, por tanto) en aras a que haya una sensible que provoque tendencia a resolver.

Se formarán por tanto con escalas menores armónicas (como su nombre indica, aptas para realizar acordes o armonías, frente a las escalas menores melódicas, que se encuentran más en ese nivel horizontal de la música, pudiendo encontrarse ejemplos en que confluyan las dos escalas, como sobre un acorde de *sol* Mayor (*sol si re* en el eje vertical), como la dominante de *do* Mayor, la nota *si* será natural y podemos encontrar un *si* bemol cumpliendo una función melódica (generalmente por encima del acorde, aunque no necesariamente), de modo que evolucione hacia un *la* bemol y un *sol*, por ejemplo.

Es un error típico de amateurs que quieren hacer música tonal y por desconocimiento de los moldes usan el V con tercera menor produciendo sonoridades modales. Es más típico encontrar ejemplos de música que, estando en modo menor, usen los otros grados tonales con un préstamo del modo Mayor, así, por ejemplo: *do* menor, *fa* Mayor (!), *sol* Mayor, *do* menor (o Mayor, efecto de la tercera de picardía). Y sobre el modo Mayor: *do* Mayor, *fa* menor, *sol* Mayor, *do* Mayor

Como hemos dicho, estadísticamente es menos frecuente, por alejarse un poco de la sensación tonal: *do* menor, *fa* menor, *sol* menor (!), *do* menor, o *do* Mayor, *fa* Mayor, *sol* menor (!), *do* Mayor.

Se ha marcado con (!) los acordes que se desvían de la práctica armónica tonal habitual.

En esta búsqueda de acordes agrupándolos por su «forma física» hemos encontrado dos, *fa* sostenido Mayor y *mi* bemol menor, que comparten su forma, todo teclas negras, aunque no su modo. Tienen en común la relación de terceras, es decir, uno sería I (*fa* sostenido) el otro

VI grado (*re* sostenido), compartiendo dos teclas (estas son: *fa* sostenido y *la* sostenido, o, vistas en bemoles, *sol* bemol y *si* bemol; las teclas tercera y quinta del acorde de *mi* bemol coinciden con las teclas primera y tercera del acorde de *sol* bemol).

A la hora de improvisar ofrecen la posibilidad de probar *glissandi* de teclas negras, es decir, con el dorso de uno o varios dedos, pasar rápidamente por todas las teclas negras ascendiendo o descendiendo), especialmente si hablamos de acordes con cuatro teclas negras (todas las del teclado menos una, siendo el caso del acorde de séptima menor *mi* bemol (más frecuentemente o también *re* sostenido) menor.

Respecto a cómo denominar las teclas negras es una cuestión de «ortografía musical», una tecla tomará el nombre de su contexto melódico o armónico; por ejemplo, se llamará *si* bemol si suele descender a *la*, o *la* sostenido si la siguiente nota es *si*. Aunque, por sistematizar, es más frecuente encontrarlas con un nombre que con otro en función de la predominancia que se le da tradicionalmente a la escala de *do* Mayor y el orden de aparición de las teclas negras históricamente, siendo la primera *si* bemol.

Si seguimos el «orden de los bemoles y los sostenidos» (bemoles: *si mi la re sol do fa*; y sostenidos: *fa do sol re la mi si*) de la teoría tradicional, obtenemos como nombres más probables para las teclas negras: *do* sostenido, *mi* bemol, *fa* sostenido, *la* bemol o *sol* sostenido y *si* bemol. Es decir, están priorizadas las dos primeras alteraciones, los dos primeros sostenidos y bemoles, quedando una tecla con mismo número de posición tanto en sostenidos como bemoles. La tecla por encima del *sol* y por debajo del *la* la encontramos en tercer orden tanto si recorremos el sentido de bemoles como el de sostenidos; será la fundamental de un tono con tres bemoles y es uno de los sonidos más utilizados en el superempleado tono relativo de *do* Mayor, *la* menor, su sensible. Se recomienda familiarizarse también con los otros nombres de las teclas negras, que, aunque menos usuales, ayudan a comprender el lenguaje musical de una manera holística (*re* bemol, *re* sostenido, *sol* bemol y *la* sostenido).

Obsérvese que la tecla aludida *sol* sostenido o *la* bemol está en el centro del grupo de tres teclas negras; por ende, se constituye en un eje de simetría y si se parte de ella para realizar dos escalas cromáticas, una ascendente con una mano y otra descendente con la otra (o con una sola, ejercicio en un nivel de dificultad mayor), es decir, en movimiento contrario, se encuentra que en ambos lados aparece el mismo tipo de tecla: blanca con blanca o negra con negra. Esta especie de espejo que nos ofrece el teclado lo encontramos asimismo desde la tecla *re*, pues es también un centro, en este caso, justo la mitad del grupo de dos teclas blancas.

ᏻᎧ ᏻᎧ ᏻᎧ ᏻᎧ ᏻᎧ ᏻᎧ

EXPLORA 40: "El ascensor"

Parte de una nota al azar y toca un tipo de acorde (Mayor o menor) y luego ve subiendo por semitonos (escala cromática hasta llegar a la misma nota una octava superior) y toca todos los acordes de ese tipo en ese orden propuesto.

Variante 1: subiendo solo tonos (harás seis hasta llegar al mismo acorde una octava más aguda) y descendiendo.

Variante 2: arpegio de acordes, es decir, tocado sucesiva o melódicamente, no simultáneamente. Subiendo terceras menores (harás solo cuatro).

Ejemplo desde *do* con acordes Mayores: sobre las notas *do mi* bemol *sol* bemol *la*, realizar acordes arpegiados: **do** *mi sol*, **mi bemol** *sol si* bemol, **sol bemol** *si* bemol *re* bemol, **la** *do* sostenido *mi*.

Subiendo terceras mayores (harás tres).

Ejemplo desde *do* con acordes menores: sobre las notas *do mi* y *sol* sostenido, realizar acordes arpegiados: **do** *mi* bemol *sol*, **mi** *sol si*, **sol sostenido** *si re* sostenido.

Variante 3: Descendiendo.

ᏻᎧ ᏻᎧ ᏻᎧ ᏻᎧ ᏻᎧ ᏻᎧ

꧁ ꧁ ꧁ ꧁ ꧁ ꧁

EXPLORA 41: "Enlazando acordes en círculos o ciclos pasando por todos"

Se proponen varias maneras de practicar los veinticuatro acordes (los doce Mayores y los doce menores).

a) Círculo de Mayores y luego círculo de menores: *do sol re la mi si fa* sostenido *do* sostenido *sol* sostenido (enarmonizable como *la* bemol) *mi* bemol *si* bemol *fa* y vuelta a empezar con todos los menores.

b) Círculo descendente (resuelven unos sobre otros en los mayores como cadencia perfecta): *do fa si* bemol *mi* bemol *la* bemol (enarmonizable como *sol* sostenido) *do* sostenido *fa* sostenido *si mi la re sol* y vuelta a empezar.

c) Sorge, 1730, en su libro *Clavierübung* proponía el círculo siguiente: *do* Mayor, *sol* Mayor, *mi* menor, *si* menor, *re* Mayor, *la* Mayor, *fa* sostenido menor, *do* sostenido menor, *mi* Mayor, *si* Mayor, *sol* sostenido menor, *re* sostenido menor (enarmonizable como *mi* bemol menor), *sol* bemol Mayor, *re* bemol Mayor, *si* bemol menor, *fa* menor, *la* bemol Mayor, *mi* bemol Mayor, *do* menor, *sol* menor, *si* bemol Mayor, *fa* Mayor, *re* menor, *la* menor, y vuelta al principio

d) Bach, 1722, en *El teclado bien temperado*: *do* Mayor, *do* menor, *do* sostenido Mayor, *do* sostenido menor, *re* Mayor, *re* menor, etcétera.

e) Chopin, 1839 en *Preludios*: *do* Mayor, *la* menor, *sol* Mayor, *mi* menor, *do* sostenido menor, *re* Mayor, *si* menor, *la* Mayor, *fa* sostenido menor... (subir quinta justa con los mayores en las posiciones impares y bajar tercera menor (al relativo) en las posiciones pares.

f) Wieck, 1875, en *Estudios para piano*: *do* Mayor, *la* menor, *fa* Mayor, *re* menor, *si* bemol Mayor, *sol* menor, etcétera (similar al ejercicio anterior, pero en sentido descendente, el círculo «antihorario»).

g) La propuesta del autor, 2013: encadenar las tonalidades de manera que un tono acerque al siguiente de forma eufónica por cadencia perfecta o homónimo en cadencia picarda: *do* Mayor, *fa* menor, *fa* Mayor, *si* bemol menor, *si* bemol Mayor, *mi* bemol menor, *mi* bemol Mayor, *la* bemol menor (enarmonizable como *sol* sostenido menor), etcétera.

༺༃ ༺༃ ༺༃ ༺༃ ༺༃ ༺༃

4.5. Trabajando el acompañamiento

Por acompañamiento se entiende una combinación de elementos armónicos y rítmicos que complementan una melodía y puede producirse en cualquier registro. Uno de los retos que afronta un pianista es simultanear una melodía y su acompañamiento, especie de «fondo» o «relleno» armónico y rítmico, generalmente con la mano izquierda. Habitualmente la mano derecha suele encargarse de la melodía, pero también puede hacerse al revés, menos frecuente. También pueden realizarse ambos «personajes» con una misma mano, pero es más difícil. Generalmente, el contorno del acompañamiento es más uniforme, constante, regular, menos cambiante que la melodía, precisamente para que la esta resalte por su mayor «actividad», ya sea rítmica o que presenta más «variedad», más cambio.

༺༃ ༺༃ ༺༃ ༺༃ ༺༃ ༺༃

EXPLORA 42: **"Oferta dos por uno"**

Si nos centramos en el acompañamiento en la mano izquierda sola, de más simple a más complejo tendríamos: *do mi sol* (arpegio, ejecución sucesiva), acorde placado (ejecución simultánea de los tres sonidos), acorde partido (una nota grave, el «bajo» y el resto del acorde en bloque).

Prueba combinatoria: arpegios: *do sol mi, do sol mi sol, do mi sol mi do*; sube una octava una tecla, por ejemplo, *do sol mi* agudo *sol* grave... Prueba con diferentes ritmos y compases.

꒰ꕤ꒱ ꒰ꕤ꒱ ꒰ꕤ꒱ ꒰ꕤ꒱ ꒰ꕤ꒱ ꒰ꕤ꒱

(O) INVESTIGA 6: "Más maneras de acompañar"

Bajo de Alberti, acordes quebrados, posición abierta y cerrada del acorde, *walking bass*.

꒰ꕤ꒱ ꒰ꕤ꒱ ꒰ꕤ꒱ ꒰ꕤ꒱ ꒰ꕤ꒱ ꒰ꕤ꒱

EXPLORA 43: "La obsesión del bajo"

Con este giro verbal simpático se pretende introducir la idea de acompañamiento repetitivo, con una sola nota o con una quinta, eliminando la tercera (concepto de bordón). Ejemplos: repetir *do* en el grave, ya sea con valores lentos o rápidos, mientras evoluciona la melodía, «lo superior», sería una manera de hacerlo. Prueba con distintos ritmos (larga corta, corta larga, etcétera). A distancia de octava le dará más interés.

꒰ꕤ꒱ ꒰ꕤ꒱ ꒰ꕤ꒱ ꒰ꕤ꒱ ꒰ꕤ꒱ ꒰ꕤ꒱

🔍 INVESTIGA 7: **"Acompañando en ostinato"**

Bajo de Murky, *Carros de fuego* de Vangelis, *Bolero* de Ravel, gaita, *ostinato, riff, sample, looping.*

ᘛᘚ ᘛᘚ ᘛᘚ ᘛᘚ ᘛᘚ ᘛᘚ

EXPLORA 44: **"Más ideas para acompañar"**

Crea con los siguientes grupos de notas diseños de acompañamiento. Muchos de ellos emulan las sonoridades de la música moderna. Realízalos en una octava grave (de la izquierda de tu teclado) y con la mano izquierda para dejar libre la derecha en aras de crear melodías.

a) *do sol la*
b) *do sol la si* bemol
c) *do re* sostenido *mi*

Ejemplos: repite estas fórmulas construidas con las notas anteriores:

- *do sol la sol* (sugerencia: con ritmo larga corta larga corta).
- *do sol la si* bemol *la sol.*
- *do sol la sol si* bemol *sol la sol.*
- *do mi re* sostenido *mi.*
- *do do re* sostenido *mi.*

Variantes: combina las notas melódica (de forma sucesiva) y armónicamente (de modo simultáneo, en acordes).

Repite cada nota si quieres. Transporta luego al IV y V grados (ejemplo sobre la opción *b*: *fa do re mi* bemol y *sol re mi fa*).

᪡ ᪡ ᪡ ᪡ ᪡ ᪡

EXPLORA 45: "**Combinando elementos**"

Toma del apartado 6.3.2., en el que se ofrecen muchos esquemas armónicos o combinaciones de acordes distintos, uno, el que prefieras, y memorízalo, es decir, toma como referencia las notas del bajo de cada acorde, las que dan su nombre; fíjate en qué relaciones numéricas hay entre ellas. Ejemplo: *do fa sol do* se puede memorizar como I IV V I o la cifra 1.451, y también como un esquema de cuarta ascendente, segunda ascendente y quinta descendente; por ejemplo, partiendo de *do* y contándola (incluyéndola) subo 4 teclas; partiendo de *fa* y contándola subo dos, y partiendo de *sol* y contándola bajo cinco volviendo al *do* inicial.

Una vez hayas memorizado las notas del bajo del esquema (mano izquierda), crea un diseño melódico que quepa en un compás (mano derecha) y tócalo empezando por cada una de las notas del esquema armónico fijado. Ejemplo: con el motivo *do do do*, luego habría que tocar *fa fa fa*, *sol sol sol* y volver a *do do do*. Con el motivo *do re mi*, luego habría que tocar *fa sol la*, *sol la si* y volver a *do re mi*. Puedes inventar todos los motivos que quieras. Si equiparamos estos motivos a una palabra, después se trataría de utilizar una palabra diferente de todas las practicadas en cada nota del bajo. Un niño se expresa al principio con una palabra, luego con dos y así sucesivamente va enriqueciendo su vocabulario. Este ejercicio mejorará tu imaginación melódica y al mismo tiempo te permitirá la memorización de los diferentes esquemas armónicos de manera que estarás trabajando simultáneamente armonía y melodía.

Variante: encontrarás que para que las melodías tengan una cierta coherencia la mayor parte de las veces tendrás que hacer una progresión, es decir, tocar el contorno de tu motivo en el contexto de la escala principal, sin respetar la interválica original, y solo en algunos casos será necesario el transporte, es decir, la estricta observancia de los intervalos del motivo inicial. Ejemplo: *do mi fa sol* en progresión, comenzando en IV será *fa la si* ¡natural! *do* y en transporte *fa la si* bemol *do*.

🙞🙜 🙞🙜 🙞🙜 🙞🙜 🙞🙜 🙞🙜

EXPLORA 46: "Todo lo que sube, baja, y viceversa"

El esquema anterior puedes realizarlo por inversión de la melodía del bajo, del esquema armónico, es decir, usando tesituras diferentes, la octava inferior, por ejemplo desde *do*: quinta descendente, segunda ascendente y cuarta ascendente. Se tocan las mismas notas en distintas teclas.

🙞🙜 🙞🙜 🙞🙜 🙞🙜 🙞🙜 🙞🙜

EXPLORA 47: "Uniendo ritmo y armonía"

Ya se ha trabajado cómo combinar la armonía con la melodía. En este ejercicio vas a combinar la armonía, es decir, el esquema armónico con el acompañamiento en base a un patrón rítmico. Partiendo de un esquema armónico fijo, como has realizado en la actividad anterior, genera con la mano izquierda distintos diseños de acompañamiento con las notas de los acordes del esquema armónico. Cada vez que pases por todos los acordes del esquema armónico utiliza un diseño de acompañamiento diferente inventado por ti. Ejemplos de acompañamiento:

a) Tres veces el mismo acorde y un silencio.
b) Acorde partido.
c) Arpegio ascendente.
d) Arpegio *do sol mi do* agudo (movimiento en zigzag).

❧ ❧ ❧ ❧ ❧ ❧

5

IDEAS PARA IMPROVISAR EN DIFERENTES ESTILOS

En este apartado se ofrecen orientaciones para poder improvisar en diferentes estilos. Vamos a hacer una enumeración por orden alfabético para que te sea más fácil seleccionar los que más te atraigan. Cuando domines las características por separado podrás aventurarte en el maravilloso mundo de la fusión de estilos o sorprender a tu audiencia con «viajes musicales», es decir, mantener una idea melódica y variarla de modo que se conserve su esencia (un mismo viajero) y que recorra diferentes estilos (muchos «países musicales»). Se ofrecen claves básicas, elementos definitorios característicos. Muchos de los estilos se diferencian por su ritmo. Más adelante, dedicaremos el apartado 6.2. a todos estos estilos, caracterizados esencialmente por su patrón rítmico.

- Barroco: ornamentación, polifonía contrapuntística, movimiento contrario.
- Blues: moderado o lento, esquema de doce compases característico, *walking bass*, acordes con séptimas menores, novenas (alteradas o no), escala característica con *blue notes* —en negrita— (*do* **mi** bemol *fa* **fa** sostenido *sol* **si** bemol).
- Cajita de música: usar solo registro más agudo, con pedal.
- Clasicismo: melodía acompañada, bajo Alberti, modo Mayor preferiblemente, tempo *moderato*, modulación hacia la dominante, simetría, cuadratura, forma sonata y derivadas.
- Coral: acordes placados, armonía tonal, cuatro voces habitualmente, lento, homofonía, calderones y silencios a finales de frases largas

▨ Flamenco: en realidad es un compendio de muchos estilos diversos, conocidos como «palos», por concretar lo más idiosincrático: modo frigio o de *mi* (con diversas variantes), ornamentación (imitación de lo melismático), compás de «doce tiempos» y otros, texturas de guitarra con ritmo «fijo» alternando con cantaor *a capella* o no, más libre en su medida, cadencia andaluza.

⊘ INVESTIGA 8: "Sobre flamenco"

Hemiolia, modalidad flamenco, reloj flamenco, esquema armónico de fandango, grandes guitarristas flamencos, grandes cantaores flamencos, flamencología, fusión flamenca, estilos flamencos básicos, cantes de levante, soleá, bulería, cantiñas, tangos flamencos, cantes de ida y vuelta, ritmo de rumba, tonalidad, sistema musical flamenco, tono por arriba, tono por medio, ruedas de acordes modo flamenco, tono de taranta, tono de minera, tono de granaína.

▨ Jazz: un género musical con muchos subestilos, por destacar sucintamente: swing, uso de diferentes escalas y modos, juego rítmico, improvisación melódica, armonía compleja (cuatro, cinco y más voces), virtuosismo, acentuación de «lo débil» en diferentes sustratos (subdivisión, parte, compás), carácter rítmico, articulación preferentemente no siempre ligada, pedalización escasa, contenida o no.

🔍 INVESTIGA 9: **"Sobre jazz"**

Blue notes, *drops*, *voicings*, notas guía, acordes ampliados, tensiones, cliché lineal, *turnarounds*, *vamps*, *rhythm changes*, *standards*, modos, nota vitanda, *shuffle*, swing, blues, *block chords*, *big bands*, rearmonización, Aebersold, *chorus*, *lick*, *comping*, *boston*, *stride*, poliacordes, *in-sen*, solo, *upper structures*, sustitución por tritono, estilos: New Orleans, dixieland, Chicago, bebop, cool jazz, hard bop, soul jazz, free jazz, fusion, smooth jazz, acid jazz, nu jazz, electro swing.

꒰ꕤ꒱ ꒰ꕤ꒱ ꒰ꕤ꒱ ꒰ꕤ꒱ ꒰ꕤ꒱ ꒰ꕤ꒱

EXPLORA 48: **"Seguir la estructura del jazz"**

Se recomiendan estas pequeñas pautas que ayudarán al oyente de jazz a no perderse en los senderos, vericuetos y caminos intricados en apariencia, en realidad a veces bastante estandarizados, en cuanto a su forma.

1. Siente el pulso. La mayoría de *standards* de jazz, salvo aquellos en ritmo de vals (a 3) o el famoso «Take five» (a 5) se sienten a **4 pulsaciones**. El *beat* será una especie de latido interno de esta música, recurrente, 1 2 3 4 1 2 3 4 1 2 3 4... siente más acentuado los números 2 y 4 (una diferencia esencial en mucha música moderna respecto de la audición de la música clásica).
2. Siente agrupaciones de pulsos, ahora 1 y 2 serán 1; 3 y 4 serán 2. El latido se hace más lento.
3. Siente agrupaciones de estas agrupaciones, surgiéndote unos pulsos más lentos: 1... 1... Así empezarás a oír **cuadraturas**.

4. Idéntico paso, entonces se sentirá cuando comienza una frase entera nueva de 8 compases.

Sabido esto, sé consciente de que muchos grupos de jazz tocan siguiendo una estructura de frases como:

a) Introducción (opcional).
b) Tema (generalmente 8x4 compases).
c) Solos (dependiendo de lo que lo quieran alargar, del número de instrumentistas de la formación, de un número indeterminado de veces).
d) Solos en fragmentos de 4 compases (es el momento en que suele haber solos de la batería); aquí puedes seguir el pulso perfectamente marcando con tus dedos (menos el pulgar).
e) Reexposición del tema.
f) Coda o final, generalmente repetición de dos acordes o sonoridades a gusto de los intérpretes en cuanto a su duración o cuatro compases adicionales (puede incluir una *cadenza* previa donde se para el pulso, sin acompañamiento, *a capella*).

ও ও ও ও ও ও

- Impresionismo: repeticiones de compases, sonoridades suaves, pedal derecho, armonías construidas sobre la escala hexátona, acordes con movimiento paralelo, acordes de segundas Mayores, melodías pentatónicas, novenas mayores de dominante, sextas añadidas, notas pedales graves largas.
- Latin: síncopas, octavas alternando con resto del acorde (*do do* versus *mi sol*, arpegiado o en acorde este último), estilos definidos por su ritmo: el bolero, la salsa, la bossa nova, el merengue, la bachata...
- Marcha fúnebre: grave, lento, modo menor, compás binario, pocos acordes, un largo *crescendo* seguido de un largo *diminuendo* podría evocar el cortejo que se acerca y aleja.
- Medieval: quintas paralelas, modo dórico (*re*).

- Minimalismo: motivos simples, repetición, desfase.
- New age: lento, suave, pocos acordes, esquemas armónicos reversibles, modal-
- Oriental: pentatonía, teclas negras, notas y acordes repetidos, incidir en los saltos de tercera.
- Pop: más diverso y melodioso que el rock, menos rítmico, tempo generalmente algo más tranquilo, esquemas armónicos característicos, cuadratura melódica.
- Rock: esquemas de ocho compases, bailable, fuerte, modo mixolidio, textura continua, simplicidad armónica, acompañamiento de acordes sin invertir repetidos, melodías sencillas (por ejemplo, con tres notas: *do mi* bemol y *si* bemol).

(Q) INVESTIGA 10: **"Sobre rock y pop"**

Rhythm and blues, folk, country, origen en el blues, electrificación de los instrumentos, subgéneros del rock, letras, grandes solistas y grupos, evolución del estilo, skiffle, rockabilly, surf rock, garage rock, british folk revival, folk rock, hard rock, glam, punk, new wave, indie // schlager, brill building pop, bubblegum, tennybop, power pop, adult contemporary o A.C., synthpop, hi-nrg, eurodisco, discopop, twee, dream pop, shoegaze, asian pop, britpop, dance pop, postbritpop, nu wave.

- Vals: lo característico de él es lo ternario, la sensación de movimiento que provoca (bailable). Fraseos muy cuadrados y largos.
- Villancico: sobre un bordón *ostinato* en ritmo de negra seguido de dos corcheas, preferiblemente modo Mayor.

⊙ INVESTIGA 11: **"A la manera de..."**

Parafraseando al clásico, si «de la nada, nada viene», de algo, algo sale, y de lo bueno, algo bueno debería salir. Otra forma de dar variedad estilística a una muestra de improvisación es inspirarse en alguna obra o el estilo de un compositor clásico concreto, improvisaciones «a la manera de». Relaciono algunos, por orden alfabético, muy característicos y fácilmente replicables:

- Albéniz: «Asturias» (*Suite española*) y otras obras.
- Bach: *Invenciones*.
- Bartók: *Mikrokosmos*.
- Beethoven: *Para Elisa*, sonata *Claro de Luna* y otras obras.
- Cage: *Music of changes*.
- Chopin: *Nocturnos*.
- Debussy: *Preludios, Imágenes* y otras obras.
- Falla: *Cuatro piezas españolas*
- Glass: *Metamorphosis*.
- Granados: «Andaluza» (*Danzas españolas*) y otras obras
- Grieg: *Piezas líricas*.
- Haëndel: *Sarabande*.
- Joplin: *Ragtimes*.
- Ligeti: *Estudios*.
- Liszt: *Rapsodias húngaras*.
- Messiaen: *Oiseaux exotiques, Le Reveil des Oiseaux*.
- Mozart: *Alla turca*, sonatas y otras obras.
- Prokofiev: *Sugestión diabólica*, sonatas y otras obras.
- Ravel: *Bolero*.
- Satie: *Gymnopedies*.
- Schönberg: *Drei Klavierstücke, Suite*.
- Webern: *Variaciones*.

Y hay que conocer estilos de influencia étnica, como: tex-mex, afrobeat, arabian pop, bhangra, cajun, chalga, calypso, cumbia, milonga, zouk, danzón, cubop, punto, contradanza...; de la llamada «música utilitaria», como: himnos, salmos, música militar, música de cabaret, vodevil, musicales, música «soundtrack» para televisión, cine, juegos..., así como la estilística actual, aunque las diferencias reales entre unos estilos y otros sean mínimas (temáticas y tímbricas mayormente): industrial, gothic, heavy, metal, country, r&b, breakbeat, drum´n´bass, hardcore, techno, house, trance, downtempo (ambient)... y las múltiples variantes de cada una de ellos a lo largo de las décadas.

꧁ ꧁ ꧁ ꧁ ꧁ ꧁

EXPLORA 49: "Imitación de instrumentos"

El piano puede «sugerir» otros instrumentos imitando la manera peculiar en que se escribe habitualmente para ellos. A modo de simple orientación:

- *Tremolo* de una nota: guitarra, mandolina, redoble de caja.
- *Tremolo* de octavas graves: timbales.
- Arpegios: arpa, guitarra.
- Acorde *do mi si sol* sostenido: campana.
- Escalas de semicorcheas muy agudas: flautines.
- Notas repetidas fuertes: trompetas.
- Acordes de terceras, cuartas, quintas y sextas alternando (armonización sobre cuatro notas, *do re mi sol*, ejemplo: *do mi, re sol, mi do, sol re*): trompas.
- Tónica y dominante en grave: tuba.
- Nota aguda con pedal: triángulo.

- Quinta grave larga (bordón) con mordente o no: gaita, zanfoña.
- Saltos en *staccato* grave: fagot.

かみ かみ かみ かみ かみ かみ

6

RECURSOS

Explorado el instrumento y trabajados los elementos del lenguaje musical por separado y conjuntamente, en este capítulo se ofrece una gran cantidad de recursos para aplicar en las actividades descritas en los capítulos anteriores. Es más, este capítulo puede convertirse en una especie de guía o minidiccionario en el que inspirarse para innovar y crear tu propio lenguaje.

6.1. Conociendo multitud de escalas para improvisar

Una escala puede escribirse directamente con las notas (lo cual no facilita el transporte), mediante una relación de los tonos y/o semitonos o segundas aumentadas que se suceden, o bien como una relación de intervalos desde la tónica. Esto último es conocido como «sistema digital», palabra que tiene una doble etimología: *dedo* y *número*. En el caso de la mano derecha, coinciden los cinco primeros números de los dedos con los cinco primeros grados de las escalas. En este libro se usará para la explicación de los tipos de escalas esta última nomenclatura.

Partiendo de la sencilla escala de *do* mayor, que todo el mundo bien conoce, es muy fácil aprender el resto de escalas simplemente tocando los grados que se reflejan en adelante (expresados en números arábigos para mayor comodidad de lectura) y comparándose el resto con esta. Así, por ejemplo, b3 significaría «baja un semitono el grado tercero de la escala mayor del tono que quieras» y s4 «sube un semitono el grado cuarto de la escala mayor del tono que quieras.

Se ordenan de menos a más notas. De cada una se ofrece un ejemplo comenzando por *do* y transportado a otro tono.

Escalas de 5 notas

Pentatónica Mayor
- 1 2 3 5 6
  - *do re mi sol la*
  - *fa# sol# la# do# re#*

- Inversiones de esta: 2 3 5 6 1
  - *do re fa sol sib*
  - *re mi sol la do*
  - Con cinco negras: *lab sib reb mib solb*

- 3 5 6 1 2
  - *do mib fa lab sib*
  - *mi sol la do re*
  - Con cinco negras: *sib reb mib solb lab*

- 5 6 1 2 3
  - *do re fa sol la*
  - *sol la do re mi*
  - Con cinco negras: *reb mib solb lab sib*

- 6 1 2 3 5 (m)
  - *do mib fa sol sib*
  - *la do re mi sol*
  - Con cinco negras: *mib solb lab sib reb*

- Las mismas expresadas desde la tónica:
  - 1 2 4 5 b7
  - 1 b3 4 b6 b7
  - 1 2 4 5 6
  - 1 b3 4 5 b7

- Pentatónica menor: 1 b3 4 5 b7
  - *do mib fa sol sib*
  - *la do re mi sol*

- Pentatónica menor (Japón): 1 2 b3 5 b6
  - *do re mib sol lab*
  - *la si do mi fa*

Variantes étnicas, entre otras:
- Ryukyu u Okinawa (Japón): 1 3 4 5 7
  - *do mi fa sol si*
  - *la do# re mi sol*

- Miyakobushi o Kumoi (Japón): 1 b2 4 5 b6
  - *do reb fa sol lab*
  - *la si re mi fa*

- In-sen (Japón): 1 b2 4 5 7
  - *do reb fa sol si*
  - *mi fa la si re#*

- China: 1 3 s4 5 7
  - *do mi fa# sol si*
  - *fa la si do mi*

- Egipcia: 1 2 4 5 b7
  - *do re fa sol sib*
  - *sol la do re fa*

- Hawaiana: 1 2 b3 5 6
  - *do re mib sol la*
  - *re mi fa la si*

- Pelog (Bali): 1 b2 b3 5 b6
  - *do reb mib sol lab*
  - *mi fa sol si do*

- Country Blues: 1 3b 3 5 6
  - *do mib mi sol la*
  - *la do do# mi fa#*

Escalas de seis notas

Blues: 1 b3 4 s4 5 b7
  - *do mib fa fa# sol sib*
  - *la do re re# mi sol*
  - Variante: en la práctica admitiría otros grados como notas de paso

Blues Mayor: 1 b3 3 5 6 b7
  - *do mib mi sol la sib*
  - *mib solb sol lab sib reb*

Variante de Blues Mayor: 1 2 s2 3 5 6
  - *do re re# mi sol la*
  - *fa sol sol# la do re*

Hexátona (también llamada «tonal» o, en afinación aproximada, «slendro»): 1 2 3 s4 s5 s6, también como 1 2 3 b5 b6 b7
  - *do re mi fa# sol# la#* o *do re mi solb lab sib*
  - y s1 s2 4 5 6 7, también como b2 b3 4 5 6 7
  - *do# re# fa sol la si* o *reb mib fa sol la si*

Nota: al transponer solo existen estas dos sonoridades.

Escalas de siete notas

Mayor, jónica (o modo jónico): 1 2 3 4 5 6 7 (y en todas, 8=1 una octava superior)
  - *do re mi fa sol la si do*
  - *sol la si do re mi fa# sol*

Variante: Mayor armónica: 1 2 3 4 5 b6 7
  - *do re mi fa sol lab si*
  - *la si do# re mi fa sol#*

Lidia: 1 2 3 s4 5 6 7
 — *do re mi fa# sol la si*
 — *fa sol la si do re mi*

Mixolidia: 1 2 3 4 5 6 b7
 — *do re mi fa sol la si♭*
 — *sol la si do re mi fa*

Variante: modo «acústico» (también llamado «lidio dominante», o «lidio b7» suma de los dos anteriores, proviene de incluir las primeras alteraciones del ciclo de tonalidades y a su vez del fenómeno físico armónico): 1 2 3 s4 5 6 b7
 — *do re mi fa# sol la si♭*
 — *fa sol la si do re mi♭*

Menor natural, eólica: 1 2 b3 4 5 b6 b7
 — *do re mi♭ fa sol la♭ si♭*
 — *la si do re mi fa sol*

Variante: menor armónica: 1 2 b3 4 5 b6 7
 — *do re mi♭ fa sol la♭ si*
 — *la si do re mi fa sol#*

Variante: menor melódica: 1 2 b3 4 5 6 7
 — *do re mi♭ fa sol la si*
 — *la si do re mi fa# sol#*

Dórica: 1 2 b3 4 5 6 b7
 — *do re mi♭ fa sol la si♭*
 — *re mi fa sol la si do*

Variante: dórica alterada: 1 2 b3 4 b5 b6 b7
 — *do re mi♭ fa sol♭ la♭ si♭*
 — *si do# re mi fa sol la*

Locria o semidisminuida: 1 b2 b3 4 b5 b6 b7
 — *do re♭ mi♭ fa sol♭ la♭ si♭*
 — *si do re mi fa sol la*

Enigmática: 1 b2 3 s4 s5 s 6 7
- *do reb mi fa# so# la si*
- *fa solb la si do# re mi*

Árabe (con 3a Mayor): 1 b2 3 4 5 b6 7
- *do reb mi fa sol lab si*
- *mi fa sol# la si do re#*

Árabe (con 3a menor, «gypsy»: 1 2 b3 s4 5 b6 7
- *do re mib fa# sol lab si*
- *mi fa# sol la# si do re#*

Variante: «arabian»: 1 2 3 4 b5 b6 b7
- *do re mi fa solb lab sib*
- *mi fa# sol# la sib do re*

Variante: «oriental»: 1 b2 3 4 b5 6 b7
- *do reb mi fa solb la sib*
- *mi fa sol# la sib do# re*

Variante: «húngara»: 1 2 b3 s4 5 b6 7
- *do re mib fa# sol lab si*
- *mi fa# sol la# si do re#*

Frigia: 1 b2 b3 4 5 b6 b7
- *do reb mib fa sol lab sib*
- *mi fa sol la si do re*

Variantes: modo «hispánico o judío» (según Aebersold): 1 b2 3 4 5 b6 b7
- *do reb mi fa sol lab sib*
- *mi fa sol# la si do re*

Escalas de ocho notas

Escala española (según otros teóricos): 1 b2 b3 3 4 5 b6 b7
- *do reb mib mi fa sol lab sib*
- *mi fa sol sol# la si do re*

Octatónica tono-semitono, 2-1 o simétrica disminuida: 1 2 b3 4 s4 s5 6 7
- *do re mib fa fa# sol# la si*
- *sol la sib do do# re# mi fa#*

Octatónica semitono tono, 1-2 o superdominante: 1 b2 b3 3 s4 5 6 b7
- *do reb mib mi fa# sol la sib*
- *sol lab sib si do# re mi fa*

Nota: Observar como los grados impares son idénticos en ambas.

Bebop: siete notas más una intercalada, varias posibilidades:
- 1 2 3 4 5 6 b7 7
  - *do re mi fa sol la sib si*
  - *sol la si do re mi fa fa#*

- 1 2 3 4 5 s5 6 7
  - *do re mi fa sol sol#la si*
  - *sol la si do do# re mi fa#*

Escalas de doce notas

Cromática (todas). La escala «multiuso», el alfabeto musical, válida para cualquier acorde: 1 s1 2 s2 3 4 s4 5 s5 6 s6 7, descendiendo 7 b7 6 b6 5 b5 4 3 b3 2 b2 1

- *do do# re re# mi fa fa# sol sol# la la# si (do) si sib la lab sol solb fa mi mib re reb do*

Transportada a *re* (evidentemente al usar todas las teclas, es una escala simétrica):

- *re re# mi fa fa# sol sol# la la# si do do# (re) reb do si sib la lab sol solb fa mi mib re*

El resto de combinatoria posible de notas formando escalas (menos de 4 notas formarían en realidad acordes arpegiados, o presentan acumulación de intervalos pequeños y una distancia muy grande que las asemejarían a tetracordos, por ejemplo, y más de 8 notas se podrían considerar *cuasi* cromáticas defectivas) son variantes de las escalas mostradas o no suenan interesantes.

᪥ ᪥ ᪥ ᪥ ᪥ ᪥

EXPLORA 50: "La paciencia, *Doctor Gradus ad Parnassum*"

Practica sistemáticamente en todos los tonos el corpus de escalas anterior. Poco a poco enriquecerás tu lenguaje musical y ascenderás al cielo de los grandes improvisadores.

᪥ ᪥ ᪥ ᪥ ᪥ ᪥

EXPLORA 51: "Cada oveja con su pareja"

Agrupa aquellas escalas que suenan mejor con un acorde menor (todas las que tienen b3), aquellas que suenan mejor con un acorde de dominante (tercera mayor y b7), aquellas que suenan mejor con uno disminuido (b3 y b5 o s4), etcétera, de modo que tengas un surtido de escalas posibles para improvisar sobre un acorde determinado. Ejemplo: para un acorde menor puedes usar: cromática, blues, pentatónica menor, menor natural o eolia, doria, frigia, árabe menor...

᪥ ᪥ ᪥ ᪥ ᪥ ᪥

❧ ❧ ❧ ❧ ❧ ❧

EXPLORA 52: "**Modos muy exóticos**"

Evidentemente, lo exótica que te pueda parecer una escala depende del lugar en que vivas, de cuál es tu tradición auditiva, del «menú musical» al que estés habituado si no has probado ninguna otra «salsa sonora»... Tan exótico puede ser una escala menor armónica para un habitante de Java como una escala javanesa para un occidental.

Nombres de los modos en sus diferentes culturas:

En el mundo árabe: Maqam
En India: Ragas
En Japón: Ryo y Ritsu
En China: pentatonía con notas Lu
En Indonesia: Pelog y Slendro

Algunos ejemplos:
Raga Bhairav: 1 b2 3 4 5 b6 7
do re♭ mi fa sol la♭ si
mi fa sol♯ la si do re♯

Raga Gamanasrama: 1 b2 3 s4 5 6 7
do re♭ mi fa♯ sol la si
fa sol♭ la si do re mi

Raga Todi: 1 b2 b3 s4 5 b6 7
do re♭ mi♭ fa♯ sol la♭ si
re mi♭ fa sol♯ la si♭ do

❧ ❧ ❧ ❧ ❧ ❧

❧ ❧ ❧ ❧ ❧ ❧

EXPLORA 53: "Las escalas modales con todas las teclas negras"

En la siguiente relación están todas las escalas que usan todas las teclas negras y dos teclas blancas en función de la nota por la que se comienza. Se da por sentado que la digitación correcta es la que utiliza el pulgar en estas teclas blancas:

Teclas blancas *si* y *mi* (y el resto todas las teclas negras...):
Desde:
si, jónica
do# o *re♭*, dórica
re# o *mi♭*, frigia
mi, lidia
fa# o *sol♭*, mixolidia
sol# o *la♭*, eolia
la# o *si♭*, locria

Como se observa, avanzando por las teclas desde la primera señalada se encuentra nuevamente el orden de modos anteriormente descrito, por tanto sucede igual con las siguientes empezando a contar desde:

Teclas blancas *fa* y *do*:
Desde:
do# o *re♭*, jónica
re# o *mi♭*, dórica
fa, frigia
fa# o *sol♭*, lidia
sol# o *la♭*, mixolidia
la# o *si♭*, eolia
do, locria

Teclas blancas *si* y *fa*:
Desde:
fa# o *sol*♭, jónica
sol# o *la*♭, dórica
la# o *si*♭, frigia
si, lidia
do# o *re*♭, mixolidia
re# o *mi*♭, eolia
fa, locria

Teclas blancas *mi* y *do*:
Desde estas no se observa la misma «simetría», dado que hay cuatro tonos seguidos y esta disposición no se encuentra en estas escalas.

❧ ❧ ❧ ❧ ❧ ❧

EXPLORA 54: ❝Movimientos básicos conjuntos❞

Sobre una posición de cinco notas diatónicas en *sol* Mayor, por ejemplo (*sol la si do re*) con ambas manos, en la que la izquierda asciende con la numeración 5 4 3 2 1, y la derecha con 1 2 3 4 5, explora los movimientos contrario y directo pensando en los «mismos números» de los dedos para el movimiento en que no coinciden las notas y tocar las «mismas notas», o las «mismas teclas» con distintos dedos con ambas manos. Observa que el dedo tercero o «corazón» es una especie de espejo, de centro, de número común en ambas digitaciones. En este ejemplo corresponde con la nota *si*.

Variante: genera una improvisación con una escala cromática poniendo el dedo 3 sobre otra tecla que no sea *si*.

❧ ❧ ❧ ❧ ❧ ❧

๛ะ ๛ะ ๛ะ ๛ะ ๛ะ ๛ะ

EXPLORA 55: "Un número «mágico» de la música y sus implicaciones"

La escala diatónica típica tiene un número impar de notas. La música tradicional se construye en base a números pares (cuadratura rítmica). Casar estos dos números nos llevará a:

■ Ampliar nuestra mente en cuanto a que, si se improvisa a una velocidad adecuada (con valores breves), el cerebro no tiene apenas tiempo para captar dentro de la rápida secuencia cuáles serán notas reales y cuales «de paso». Por ejemplo, en la escala de *do* Mayor (jónica) respecto de un acorde de *do* Mayor, se escuchará el siguiente «orden relativo de consonancias»: sí, no, sí, no, sí, no, no. Y en relación con un acorde de *re* menor: no, si, no, si, no, si, no. Es decir, siempre habrá notas que «casen» con la armonía y notas que no. La posición en el compás es importante pero lo es más la velocidad, que determinará a escala psicológica que hay un flujo de consonancias y disonancias, pero constante; y cuando esa velocidad es considerable la mente deja de prestar atención a estas sensaciones y engloba. Al fin y al cabo, toda consonancia acaba resolviendo en el instante infinitesimalmente posterior.

■ Como parece un recurso muy *amateur* añadir una nota más después de la sensible solo con el objeto de alcanzar un número par y cuadrar rítmicamente (y no de resolución, que debería ser la verdadera razón, la propia atracción de unos sonidos sobre/hacia otros), existen dos maneras de «cuadrar»:

1. Añadir una nota más a la escala, como en el estilo bebop (inténtalo añadiendo con cada una de las cinco teclas negras para ver qué escala te parece más interesante):

a) *do do# re mi fa sol la si*
b) *do re re# mi fa sol la si*
c) *do re mi fa fa# sol la si*
d) *do re mi fa sol sol# la si*
e) *do re mi fa sol la la# si*

Lo mismo descendiendo. Prueba especialmente con el patrón rítmico: larga-corta.

2. Eliminar una nota de la escala; recomendamos, por ejemplo, el sexto grado, así mantenemos la secuencia: sí, no, sí, no, sí, no, sí.
3. Tocar el sexto y el séptimo grados con la duración de uno, es decir, el doble de rápido. Por ejemplo, si estamos realizando la escala de *do* Mayor a corcheas, al llegar a *la si* las ejecutamos en semicorcheas.

❧ ❧ ❧ ❧ ❧ ❧

EXPLORA 56: "**Sobre una base**"

Ahora intenta improvisar, sobre una base rítmica grabada con un buen *groove*, con estas tres técnicas a dos voces, una en cada mano. De los ítems del «explora» anterior, comienza por el apartado 2, sigue por 3 y termina por 1. Comienza siempre con notas del acorde (ejemplo, mano derecha en *do* y mano izquierda en *mi*) y con distintos movimientos (directo: ambas manos —entiéndase aquí como voces— suben o bajan; contrario: mientras una sube la otra baja, y viceversa, y oblicuo: una mano se mantiene mientras la otra evoluciona como desee).

❧ ❧ ❧ ❧ ❧ ❧

6.2. Conociendo multitud de patrones rítmicos

A la hora de comprender la rítmica hay que pensar con una mente abierta, amplia. Es fundamental observar que un mismo motivo rítmico puede tener diferentes nombres (en función del país, por ejemplo) y viceversa, distintos motivos rítmicos pueden tener un mismo nombre (y pueden ser variaciones del mismo, algo habitual, pues estos devienen unos de otros en una incesante corriente histórica, es decir, las músicas se influyen unas a otras y están en contacto permanente evolucionando por contigüidad). Así, por ejemplo, encontramos diferencias entre el «tango» argentino y el de La Habana, siendo materias musicales distintas con denominación igual, o un fandango puede tener diferentes traducciones sonoras en función de si estamos hablando del típico del siglo xviii o del flamenco. Y, como hemos dicho, a veces un mismo patrón rítmico es conocido por distintos nombres, ejemplificándose en el bolero y el beguine (aun con diferencias), o la siciliana, barcarola o gondolera (pueden compartir una métrica de nota larga seguida de breve, como una manera de imitar el fluir de las olas, de un mar, o el vaivén —nunca mejor dicho— sobre un río.

A continuación dejo una tabla muy sinóptica de estilos rítmicos variados, agrupados por orden alfabético. Cada uno tiene un tempo característico (por ejemplo, la giga, rápido, o la chacona, lento). Se usarán los valores «larga», «corta» para simplificar al máximo su comprensión por parte de los lectores que se inician). *Verbi gratia*: larga, corta, corta podría verterse como blanca seguida de negra y negra o también como negra seguida de corchea y corchea. La palabra puntillo equivaldría a añadir la mitad, por ejemplo, larga puntillo, corta sería blanca más negra (un único sonido de esa duración, suma de tres pulsos), negra (el valor o duración de la llamada corta si elegimos pensar como larga la blanca). Indico doble y mitad para doblar o reducir proporcionalmente los valores citados.

Se trata de una simplificación de aproximación a este amplio mundo. Existen muchos más ejemplos y variantes de los mismos. Con esta especie de código morse rítmico se pretende ofrecer un panorama diverso a los diletantes en la materia para iniciarse en la práctica de la improvisación. Algunos se diferencian de otros por el tipo de acompañamiento (arpegiado o acordal), por su velocidad, por la disposición de los bajos o notas graves, por el tipo de acordes que usan, por la instrumentación... Comienza por repetirlos en *looping* u *ostinato* hasta llegar a interiorizarlos, sentirlos, de modo que puedas empezar a pensar en otros parámetros fácilmente.

PULSOS	NOMENCLATURA	NOTACIÓN
Tres	Doble de larga con puntillo	Blanca con puntillo
Dos	Doble de larga	Blanca
Uno y medio	Larga con puntillo	Negra con puntillo
Uno	Larga	Negra
Tres cuartos	Corta con puntillo	Corchea con puntillo
Medio	Corta	Corchea
33%	Tresillo de cortas	Tresillo de corcheas
Cuarto	Mitad de cortas	Semicorchea

- **5/4**: variante más habitual: tres largas, dos largas.
- **7/4**: variante más habitual: cuatro largas, tres largas.
- **Albaes**: larga (redoble), dos cortas.
- **Alemanda** o **allemande**: (anacrusa de) mitad de corta, larga unida a corta, tres cortas, larga, larga.
- **Balada**: seis cortas, cuatro mitad de cortas.
- **Ball pla**: larga (redoble), dos cortas, larga.
- **Bamba**: larga, dos cortas.
- **Barcarola**: larga, corta.
- **Beguine**: *ver* Bolero (cubano).
- **Bolero** (tradicional español): *ver* Seguidillas.
- **Bolero** (variante en tresillo, Ravel, también verdiales): corta, tresillo de mitad de cortas, corta, tresillo de mitad de cortas, dos cortas.
- **Bolero** (cubano): corta, larga, corta, cuatro cortas; o también: larga con puntillo, corta, dos largas.
- **Boogie-woogie**: larga, corta.
- **Bossa nova**: larga, tres cortas, larga, larga, larga, corta, larga, larga.

- **Bourré**: (anacrusa de) dos cortas, largas, dos cortas, dos largas.
- **Blues**: larga, corta (aproximadamente).
- **Bulerías**: tres cortas, tres cortas, silencio corto, corta, corta, dos mitad de cortas, larga.
- **Cantiña**: silencio de larga, dos largas, silencio de larga, larga, silencio de larga.
- **Cake Walk**: *ver* Rag.
- **Calypso**: primeros tres sonidos del son, es decir larga con puntillo, larga con puntillo, larga y en versión simplificada: larga, dos cortas.
- **Cáscara**: corta, dos mitad de cortas, silencio de mitad de corta, corta, mitad de corta, dos cortas, mitad de corta, corta, mitad de corta.
- **Conga**: larga, larga, larga, larga anticipada.
- **Country**: base en cuatro largas, superponer en cualquiera dos cortas. Variante ternaria: corta, dos mitad de corta, corta.
- **Courante** o **corrente**: (anacrusa de) larga, doble de larga, larga, larga con puntillo, corta, larga, doble de larga con puntillo, doble de larga chacona: larga, larga con puntillo, corta, larga, doble de larga.
- **Cumbia**: *ver* Bossa nova.
- **Cha-cha-chá**: dos cortas, tres silencios de corta, tres cortas; o también su «reverso», dos silencios de corta, tres cortas acentuadas (las tres sílabas de la propia palabra) y tres silencios de cortas.
- **Charleston**: larga, corta, corta (acentuada), silencio de larga, larga o silencio; o también, en su versión más simplificada, corta, tres cortas unidas seguidas de cinco cortas unidas .
- **Danzón**: *ver* Habanera.
- **Fox** o **foxtrott**: cuatro largas; variante rápida: larga, dos cortas, larga, larga.
- **Farruca**: silencio, tres largas, larga, tresillo de cortas, dos largas.
- **Fandango**: corta, tresillo de cortas (en total repetir tres veces), dos cortas.
- **Flamenco** (compás de doce tiempos, variante de hemiolias). Ejemplo: dos largas, larga acentuada, cuatro cortas, larga acentuada, dos cortas, larga acentuada, dos cortas, larga acentuada,

larga, larga acentuada; también con síncopas: corta, larga, larga, corta (repetir) corta, larga, corta (repetir) doble de larga.

- **Flamenco** (un patrón de palmas): silencio de larga, dos cortas, larga, larga acentuada.
- **Funk**: sobre base de mitad de cortas: corta con puntillo, corta con puntillo, dos mitad de cortas, silencio de mitad de corta, corta, mitad de corta, corta, dos mitad de cortas (en *stacatto* y múltiples variantes).
- **Galopp**: corta con puntillo, mitad de corta.
- **Gallarda**: (anacrusa de) larga, larga con puntillo, corta, larga, tres largas, doble de larga.
- **Gavota**: (anacrusa de) dos largas, doble de larga, dos largas, doble de larga.
- **Giga**: seis cortas, también larga, corta.
- **Gondolera**: larga, corta.
- **Guajiras**: hemiolia, *ver* Peteneras.
- **Habanera**: larga con puntillo, corta, larga, larga.
- **Hip hop**: *ver* Rap.
- **Huapango** o **huasteco**: larga con puntillo, corta, larga.
- **Jazz-waltz**: corta, larga, corta, larga.
- **Jota**: tres largas.
- **Jotilla**: larga, tresillo de cortas, larga.
- **L´u**: (variante de jota lenta) larga, tresillo de cortas, larga; también corta, dos mitad de cortas, dos cortas, larga.
- **Lambada**: larga con puntillo, corta, dos largas.
- **Malagueña**: corta, tresillo de mitad de cortas, corta, tresillo de cortas, dos cortas.
- **Malagueña** (Albéniz): larga, tresillo de cortas, larga, seis cortas; otra variante: tres largas, tresillo cortas, dos largas.
- **Mambo**: larga, corta, larga, larga, larga, larga, corta, larga, dos cortas. Superponer a son en formato invertido (2:3) y a patrón de cencerro típico latin: dos largas, cuatro cortas, silencio de corta, tres cortas, larga, dos cortas.
- **Marcha**: cuatro largas; y también, con otra subdivisión: larga, corta.
- **Marcha fúnebre**: doble de larga, larga con puntillo, corta.
- **Marcha turca**: larga, larga, corta, corta, larga.
- **Martinete**: tres largas, larga con puntillo, larga con puntillo.

- **Mazurca**: corta con puntillo, mitad de corta, larga, corta con puntillo, mitad de corta (estos elementos en diferentes combinaciones de posición de la larga, así como también las dos primeras dos veces más, por ejemplo).
- **Minué** (o menue o minuetto): larga, cuatro cortas; o también tres largas.
- **Muñeira**: larga, corta.
- **Pasodoble**: corta, dos semicortas, seis cortas.
- **Pavana**: anacrusa de dos largas, larga con puntillo, corta, dos largas, dos largas.
- **Pericón**: seis cortas, tres largas.
- **Peteneras**: larga con puntillo, larga puntillo, larga, larga, larga; o también dos agrupaciones de tres cortas y tres de dos. Inténtalo al revés (dos de tres seguidas de tres de dos, como en *América* de Leonard Bernstein).
- **Polca** o **polka**: cuatro cortas, silencio de corta, corta, larga acentuada.
- **Polo**: larga, dos cortas, larga, larga, doble de larga acentuada.
- **Polonesa**: corta, dos mitad de corta, dos cortas, dos cortas.
- **Rag** o **ragtime**: tres cortas larga tres cortas; o también mitad de corta, corta, mitad de corta, dos cortas.
- **Rap**: dos cortas, larga, silencio de corta, tres cortas. Variante: corta con puntillo, mitad de corta, dos cortas, silencio de corta, corta, larga. Gran acentuación en partes débiles.
- **Reggae**: silencio de larga, larga, silencio de larga, larga (contratiempo); también silencio de corta, corta (cuatro veces, doble de rápido).
- **Rhythm & Blues**: larga, larga, corta, larga con puntillo.
- **Rock and roll**: diversas variantes. Cuatro largas acentuando segunda y cuarta. Ocho cortas, tres cortas, larga, tres cortas.
- **Rumba**: larga con puntillo, larga con puntillo, larga; o también dos agrupaciones de tres cortas y una de dos. Obsérvese que es la primera parte del son.
- **Salsa**: larga, corta, cinco largas, tres cortas; o también: tres cortas, larga, dos cortas, larga, siete cortas.
- **Samba**: dos largas, larga con puntillo, larga, larga, corta, larga, dos cortas.

- **Sardana**: corta, corta, larga.
- **Seguidillas**: corta, dos mitad de corta, corta, dos mitad de corta, dos cortas.
- **Sevillana**: *ver* Seguidillas.
- **Siciliana**: larga con puntillo, corta, larga.
- **Scottish**: cuatro largas.
- **Son** o **son cubano** (llamado también afro-rock y 3:2): larga con puntillo, larga con puntillo, larga, silencio de larga, dos largas, silencio de larga. La versión 2:3 comienza desde el silencio.
- **Songo**: tres cortas, larga, dos cortas, larga, siete cortas.
- **Swing**: larga, corta, larga con puntillo.
- **Shuffle**: larga, corta.
- **Tarantos**: larga, corta con puntillo, mitad de corta, larga, larga.
- **Tango** (genérico): corta, larga, corta, dos largas.
- **Tango** (argentino): cuatro largas, acentuada la última, o acentuada la subdivisión de la última.
- **Tango-habanera**: tresillo seguido de dosillo (aproximadamente tres cortas, dos largas).
- **Tanguillo** (gaditano): corta, dos mitad de cortas anticipando la primera.
- **Tarantela**: *ver* Zapateado.
- **Techno**: cinco sonidos sobre cuatro largas anticipando las tres centrales y en pulso primera y última.
- **Tumbao**: bajo anticipado. Larga con puntillo, corta unida a larga con puntillo.
- **Twist**: larga, dos cortas, dos largas.
- **Vals**: tres largas (diversas variantes, como anticipación de la segunda para *feeling* vienés); también doble de larga, larga.
- **Vals inglés**: larga, doble de larga.
- **Villancico**: larga, corta, corta.
- **Zapateado**: seis cortas.
- **Zarabanda**: doble de larga, doble de larga con puntillo, larga, doble de larga, doble de larga, silencio de doble de larga.
- **Zortziko**: corta, corta con puntillo, mitad de corta, corta con puntillo, mitad de corta.

৵৵ ৵৵ ৵৵ ৵৵ ৵৵ ৵৵

EXPLORA 57: "A cámara lenta y a cámara rápida"

Escucha ejemplos de estas danzas. Prueba a tocarlos a diferentes *tempi* (rápido, lento), y acelerando y desacelerando. Encuentra y determina la velocidad más típica de cada una de ellas. Inventa una combinación original.

৵৵ ৵৵ ৵৵ ৵৵ ৵৵ ৵৵

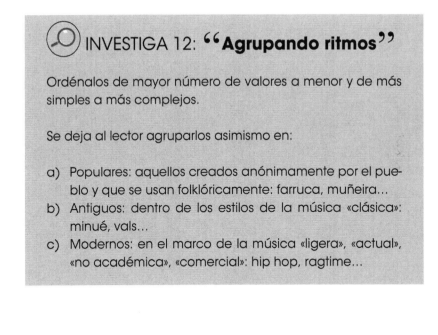

INVESTIGA 12: "Agrupando ritmos"

Ordénalos de mayor número de valores a menor y de más simples a más complejos.

Se deja al lector agruparlos asimismo en:

a) Populares: aquellos creados anónimamente por el pueblo y que se usan folklóricamente: farruca, muñeira...

b) Antiguos: dentro de los estilos de la música «clásica»: minué, vals...

c) Modernos: en el marco de la música «ligera», «actual», «no académica», «comercial»: hip hop, ragtime...

6.3. Descubriendo la diversidad armónica

6.3.1 Tipología de acordes

Si los trabajamos en una secuencia concreta podemos pasar por muchos tipos de acordes en cuanto a su naturaleza (Mayores y menores, aumentados y disminuidos) y tipología de séptimas (entrando en acordes de cuatro voces). Así, si partimos de un acorde disminuido seguido del mismo menor, Mayor y aumentado, solo hemos de cambiar una nota de cada uno:

- *do mi♭ sol♭*
- *do mi♭ sol* natural
- *do mi sol*
- *do mi sol#*

Se puede practicar también al revés, comenzando por el último, y tocando todas las notas o ligando, es decir, pulsando solamente la que cambia.

Del mismo modo podemos hacer con los acordes con séptimas:

- *do mi♭ sol♭ si♭♭* (acorde de séptima disminuida, representable con círculo).
- *do mi♭ sol♭ si♭* (acorde semidisminuido, circulo tachado).
- *do mi♭ sol* natural *si♭* (acorde menor con séptima menor).
- *do mi♭ sol* natural *si* natural (acorde menor con séptima Mayor).
- *do mi* natural *sol* natural *si* natural (acorde Mayor con séptima Mayor, se puede representar con un triángulo).
- *do mi sol si♭* (acorde Mayor con séptima menor, también conocido como acorde de dominante).

Cada uno tiene su propia sonoridad y por tanto su propio carácter.

Una manera de averiguar rápidamente el tipo de séptima (aumentada, Mayor, menor, disminuida) que se toca es por inversión: si leo *do si* al revés, *si do* y tengo un semitono, la séptima será Mayor. Si hallo un tono (ejemplo: *do si♭*, invertido *si♭ do*) la séptima será menor. Si resulta tres semitonos es séptima disminuida (ejemplo: *do sibb*, invertido *sibb do*). Si es enarmónico es aumentada. Se encuentra más rápido aún fijándose en la distancia a la nota contigua superior que forma la octava.

૰ઌ ૰ઌ ૰ઌ ૰ઌ ૰ઌ ૰ઌ

EXPLORA 58: "Los contornos de las séptimas"

Observa los contornos de las séptimas en teclas blancas (cuando ambas tienen el mismo color, es decir, tecla blanca en la fundamental y en la séptima): las que se forman sobre *do* y *fa* son Mayores (por incluir los dos grupos de teclas blancas que forman semitono: *mi fa* y *si do*). El resto son menores. Sobre teclas negras se forman séptimas menores (de igual contorno, es decir, dos teclas negras) comenzando por *mib*, *lab* y *sib*. Sobre *do#* y *fa#* para formar séptimas (Mayores o menores), en ambos casos hay que utilizar teclas blancas. Es decir, resumiendo, las notas que suelen tener contornos «mixtos» al formar séptimas son *do* y *fa* (sostenidos o no).

Aclaración: las quintas justas (nota *sol* en estos ejemplos) pueden ser omitidas, no ejecutadas, la razón es que es el primer armónico que aparece en la serie distinto al sonido de mismo nombre, es decir, después de la octava, la siguiente nota en orden de consonancia es la quinta. Se podría decir que «aporta poco» a la comprensión del acorde. Descúbrelo tocando el acorde *do mi sol si* y probando a quitar cada vez una nota diferente del mismo y hallarás que el caso en que más «parecido» hay con el original es aquel en el que se omite la quinta. Por ello en los *voicings* (disposiciones de las notas de los acordes) en el jazz suele ser una nota que no se usa, además de la fundamental, pero por otra razón, porque suele tocarla el bajista.

Ejemplos de *voicings* de un acorde de séptima:

- 1 3 5 7 (*do mi sol sib*)
- 1 3 7 (*do mi sib*)
- 3 7 (*mi sib*), omitida la fundamental*
- 7 3 (*sib mi*), omitida la fundamental*
- …

*(¿La realiza otro instrumento, como el bajo (frecuentemente)?, ¿es nota de la melodía?.)

༒ ༒ ༒ ༒ ༒ ༒

EXPLORA 59: "Familiarizándose con los ladrillos con los cuales construir"

Toca todos los acordes mostrados en el ejercicio anterior en los doce tonos, di sus notas con su nombre, con letra y número y alteración en su caso, por ejemplo, *do* C 1, *mib* Eb 3 rebajado… Adjudícale un nombre propio a cada uno de ellos, adjetívalos, en función de las sensaciones que te produzcan, por ejemplo: el miedoso, el paraíso, el asombrado… Prueba a agruparlos por sonoridades parecidas y opuestas. Usa solo un tipo (en distintas alturas) en una improvisación. Luego dos muy distintos, etcétera.

༒ ༒ ༒ ༒ ༒ ༒

EXPLORA 60: "Simetría en la constitución del acorde"

Observa los acordes formados por las siguientes notas:

- *do* y *fa#*
- *do mi* y *sol#*
- *do mib fa#* y *la*
- *do re mi fa# sol#* y *sib*

- Acorde con todas las teclas (clúster que emplea la escala cromática completa)

Si cuentas el intervalo exacto desde la segunda nota a la siguiente y así sucesivamente observarás que se reproduce siempre el mismo intervalo. Siguiendo la ordenación anterior:

- Cuartas aumentadas o quintas disminuidas.
- terceras Mayores.
- Terceras menores (este acorde incluye también al de las quintas disminuidas).
- Segundas Mayores (este acorde incluye también al de las terceras Mayores).
- Segundas menores.

⋰⋱ ⋰⋱ ⋰⋱ ⋰⋱ ⋰⋱ ⋰⋱

Reproduciendo un intervalo siempre idéntico ascendentemente se obtiene un acorde disonante en todos los casos. Suelen ser los que suenan en los momentos de máxima tensión de las obras, a veces en el punto culminante o clímax (muy cerca o sobre la llamada sección áurea). Suelen aparecer, en general, pocas veces. También se pueden encadenar ascendiendo o descendiendo cromáticamente. Suelen ir precedidos y continuados de acordes asimétricos, los estadísticamente más utilizados, de sentido más consonante.

El acorde de dominante

El motor de la música tonal tradicional impulsa la música, crea una tensión para provocar la sensación de que hay que continuar, de que falta algo (que puede ser satisfecho auditivamente como en la cadencia perfecta o no). Usado desde cualquier otro grado nos lleva a modular o enfatizar nuevas regiones (omitiendo su fundamental también, acorde de sensible y/o séptimas de sensible).

El acorde de napolitana

Debería decirse también la sonoridad napolitana, que no es otra cosa que el acorde sobre el segundo grado rebajado. Cuando está en primera inversión se denomina propiamente acorde de napolitana. En realidad es una convención que al parecer se usaba muy antiguamente en música vocal en esa zona italiana, aunque no está claro su origen. Se puede utilizar en momentos de creación de tensión o clímax y por ello tiende a resolver (hacia la tónica, previas sexta y cuarta cadencial opcional y dominante). Es infrecuente en obras en modo Mayor; por tanto, cuando aparece en este contexto llama más la atención. Un ejemplo claro de esto es el tema principal de *Indiana Jones*.

Hay dos caminos mentales para realizarlo. Pongamos un ejemplo: estando en *mi* menor, sobre su segundo grado *fa* sostenido disminuido, rebajo un semitono a *fa* natural (acorde Mayor), notas *fa*, *la* y *do* e invierto, resultado *la do fa*. El otro camino podría ser sobre su acorde de subdominante, *la* menor, notas *la*, *do* y *mi*, desplazo la nota superior un semitono y hallamos el mismo acorde. Parece más rápida esta segunda ruta. Por ejemplo: en *la* menor, subdominante con las notas *re*, *fa*, *la* y transformo moviendo el dedo pulgar (si lo toco con la mano izquierda) en *re*, *fa* y *si♭*.

🙠 🙠 🙠 🙠 🙠 🙠

EXPLORA 61: "...buen desarzobispoconstinapolizador será"

Practica I II> V I en los doce tonos. Invirtiendo y sin invertir (el acorde y la sonoridad) napolitana. Prueba arpegiando, ascendiendo, descendiendo, ambas maneras sobre cada acorde y alternando una de cada.

Variante 1: También con notas de paso; ejemplo sobre el acorde napolitana: *re mi fa si♭*, descendiendo *si♭ fa mi re*.

Variante 2: Con acorde de 6a y 4a cadencial posterior al acorde de napolitana.

🙠 🙠 🙠 🙠 🙠 🙠

Acorde de subdominante de la subdominante

De similar forma a cómo se construye el acorde de dominante de la dominante, es decir, quinto del quinto (manera rápida de recordarlo: segundo grado con tercera Mayor), existe su alter ego, cuarto grado del cuarto grado (séptimo grado rebajado, es decir, un semitono más grave). Por ejemplo, en la tonalidad de *do* Mayor, sería el acorde de formado por *sib*, *re* y *fa*, es decir, el que sería el cuarto *si* lo tomáramos desde *fa* Mayor.

Puede ser un acorde menor si nos hallamos en este modo. Conducido hacia la subdominante y esta por cadencia plagal hacia la tónica haría un ciclo de quintas (ejemplo: *sib* Mayor, *fa* Mayor y *do* Mayor; o en otro tono: *re* Mayor, *la* Mayor, *mi* Mayor; o, por poner un ejemplo en modo menor: *sol* menor, *re* menor, *la* menor) en sentido ascendente, o sea, sumando, yendo hacia la derecha de un reloj imaginario de tonalidades. Es muy usado en música pop. Un ejemplo celebérrimo es «Let it be» de los Beatles.

Acordes con notas pedales

Son aquellos formados por la superposición de una línea de bajo estática y una línea de acordes en parte superior. Pueden coincidir o no con la fundamental del bajo. Estéticamente hablando son muy interesantes cuando se produce la diferencia. Por eso comenzaremos explorando las sonoridades posibles sistemáticamente:

ᘓᕬ ᘓᕬ ᘓᕬ ᘓᕬ ᘓᕬ ᘓᕬ

EXPLORA 62: "Acordes con notas pedales"

Mientras tocas con la mano izquierda una escala cromática, por ejemplo, comenzando desde *do*, al mismo tiempo repite el mismo acorde Mayor con la derecha, por ejemplo, el acorde de *do*. Obtendrás doce sonoridades; anota aquellas que te parezcan más interesantes.

Variante: mientras mantienes con la mano izquierda la nota *do*, realiza una escala cromática con los acordes con la mano derecha. Como en el anterior, fija mentalmente aquellos que te parezcan más llamativos.

Centrándonos ahora en los grados tonales, que suelen ser, junto con el II grado, los más utilizados en la práctica, es el momento de probar sus combinaciones:

- I/V es decir, tocar el acorde de *do* Mayor (*do mi sol*) con la mano derecha, y con la izquierda, el bajo (nota) *sol*. Es el acorde llamado «sobredominante». Generalmente, en música clásica, si resuelve con una cadencia perfecta se considera una doble apoyatura del acorde de dominante, por eso se suele analizar como acorde con función de dominante, más que una segunda inversión del acorde de tónica. Sus notas, en orden ascendente en el tono de *do*, son: *sol do mi.*
- V/I al revés, el llamado acorde de «sobretónica», porque se forma superponiendo un acorde de dominante sobre una nota de tónica. Sus notas, en orden ascendente en el tono de *do*, son: *do sol si re (fa...).*
- IV/V, llamado acorde de «gospel». Sus notas, en orden ascendente en el tono de *do*, son: *sol fa la do.*
- V/IV, acorde de gran tensión, por ser la última inversión del acorde de séptima de dominante, generalmente resolviendo el bajo sobre el tercer grado. Sus notas, en orden ascendente en el tono de *do*, son: *fa sol si re (fa).*

Variante: usando novena sobre la dominante, el interesante acorde formado por las segundas *fa sol la* y *si*, en ese orden (con el *re* omitido), especie de comienzo de escala hexátona, que puede resolver sobre *do* Mayor o, de manera frigia (al modo musical flamenco, podríamos decir, como en el caso del comienzo de *Sacromonte* de J. Turina) sobre *mi* Mayor.

Ahora es el momento de que explores más allá y combines dos acordes, que pruebes la bitonalidad. Una mano puede tocar con acordes de la tonalidad de *sol* Mayor, por ejemplo, y otra, simultáneamente, en la tonalidad de *la* Mayor, o de *mi* Mayor. Así se generan los llamados poliacordes, que se escriben con una línea horizontal, no oblicua.

·❧· ·❧· ·❧· ·❧· ·❧· ·❧·

Polifacetismo del acorde de dominante

Si superponemos terceras sobre el quinto grado hasta llegar a la nota de mismo nombre pero dos octavas más arriba, una quincena (en música ocho más ocho, dos octavas, suman quince y no dieciséis porque la primera nota del intervalo no «se cuenta»), hallamos: *sol si re fa la do mi* (*sol*). Es decir, una densidad de siete notas diferentes sonando al mismo tiempo, lo cual suele generar tensión. En seguida se advierte que hay una nota de las llamadas «vitandas», «avoid», «a evitar», que sería *do*, pues «choca» radicalmente con la intención sonora del acorde, es decir, suenan al mismo tiempo la dominante y la tónica, que, como el día y la noche, son antitéticos. Se impone, pues, alterar las notas 9, 11 y 13 de este acorde, que se corresponderían con las pares 2.ª, 4.ª y 6.ª, de modo que podríamos obtener muchas variantes de este acorde construyéndolo con las siguientes. 1 3M (para que haya sensible) (5) omisible b5 y/o #5 7 (9) b9 y/o #9 #11 13 o b13 (suena igual que #5, usable junto a un b5). En notas, en el tono de *do*: *sol si re* (natural, bemol o sostenido) *fa la* (natural, bemol o sostenido), *do* sostenido y *mi* natural o bemol. Sería como sumar al acorde de *sol* Mayor: *la* M, o *la* bemol Mayor, *mi* Mayor o *mi* bemol Mayor, *re* bemol o *do* sostenido Mayor o menor («upper structures» o estructuras superiores).

Simplificando, podríamos pensarlos más rápidamente superponiendo sobre un acorde Mayor el acorde que forma su segunda (rebajada o no), su sexta (ídem) y su cuarta aumentada.

6.3.2. Cifrados

Pueden expresarse de muchas maneras (cifrado americano —letras de la A a la G—, grados —números romanos I al VII—, cifrado latino —nombre de las notas). Además de, como se explicó anteriormente, relaciones (quinta ascendente, segunda descendente, por ejemplo).

do/mi/sol	re/fa/la	mi/sol/si	fa/la/do	sol/si/re	la/do/mi	si/re/fa
C	D-	E-	F	G	A-	Bdim
I	II	III	IV	V	VI	VII
do	re m	mi m	fa	sol	la m	si dis

JUEGO 36: "Palabras que son algo más que palabras"

Haz una relación de palabras que se puedan construir con las letras del cifrado moderno o americano: por ejemplo, dada y dadá, cada, acá, baca, beca, becada, da, daca, faca, gaga, caca, cagada, cede, cedé, etcétera. Prueba a identificar la palabra «oculta» en una serie de acordes que escuches interpretados por alguien. Resume esquemas armónicos en fechas, por ejemplo: año 1451, que equivaldría a *do fa sol do*.

JUEGO 37: "El dado"

Combinando acordes al azar. Tira el dado varias veces, anota los resultados e interpreta la secuencia resultante como un esquema armónico. Cada número representa el grado del acorde. Si sale tres veces un mismo número se puede hacer el acorde de séptimo grado. Ejemplo de tirada: 1 3 4 6 6 6 se traduciría en *do* Mayor como los acordes sobre las fundamentales de *do mi fa* y *si*.

Ventajas de los distintos cifrados

El cifrado americano requiere un entrenamiento concienzudo que será muy interesante realizar cuanto antes si quiere aprehenderse el repertorio moderno. Una vez realizado, proporciona una velocidad de lectura y de reacción muy interesante. No hace falta fijarse en muchas notas (no hay que gastar tiempo en una lectura polifónica ascendente de, pongamos por caso, seis notas, lo cual consume tiempo salvo un gran entrenamiento previo en «subitación» de acordes escritos con todas sus notas) para poder realizar un acorde y además deja un margen en esta realización respecto a notas duplicadas, añadidas, inversión (en el caso de que se toque con un bajista). No tiene mucho sentido a la hora de reproducir obras polifónico-contrapuntísticas tipo renacentistas o barrocas, dado que solo ofrecen el contenido «vertical» sin especificar distribución de voces. El cifrado latino ocupa más caracteres, no requiere el mismo tiempo de entrenamiento al ser más literal su lectura y ofrece similares ventajas respecto al americano en el resto de posibilidades. Las principales ventajas de escribir esquemas armónicos en números romanos son que ayudan a la comprensión de la armonía, son análisis en sí mismos (Pitágoras: «la música es matemática oculta») y se pueden transportar directamente.

6.3.3. Uniendo acordes: los esquemas armónicos

Si ya sabes tocar todos los acordes Mayores y menores prueba ahora a enlazarlos de muchas maneras y rápidamente, por ejemplo: realizando escalas cromáticas sobre sus notas fundamentales, ascendentes y descendentes, escalas hexátonas (saltando exactamente un tono, nunca un semitono) igualmente ascendentes y descendentes, comenzando por *do* y *do#*, por saltos de tercera Mayor (solo tres acordes hasta llegar al de partida) tercera menor (solo cuatro acordes hasta alcanzar de nuevo el inicial), cuartas o quintas justas (ascendentes y descendentes, siendo en realidad a efectos prácticos solo dos ejercicios razón por la cual se prefiere pensar como quintas en una dirección de un reloj imaginario o la contraria). En sentido horario, hacia la derecha (*do, sol, re, la, mi, si, fa#, do#*, etcétera, pasando por las doce teclas y doce acordes), se entiende que la música genera movimiento, y viceversa, en sentido antihorario, hacia la izquierda (*do, fa, sib, mib, lab*, que podemos enarmonizar como *sol#, do#*, etcétera), que unos acordes resuelven sobre otros, siendo más eufónico y una progresión más empleada.

⚜ ⚜ ⚜ ⚜ ⚜ ⚜

EXPLORA 63: "Desplazándose con acordes sin invertir"

Parte de un acorde Mayor o menor, proponte dos intervalos y realiza una secuencia de acordes en zigzag, es decir, primero en sentido ascendente y luego en sentido descendente: por ejemplo: tercera Mayor ascendente, segunda menor descendente, y prosigue. En este caso, si partimos, por ejemplo de la nota *la* obtendríamos: [*la do#*] [*do mi*] [*mib sol*] [*solb* (o *fa#*) *sib*]. Aquí acabaría esa serie porque la siguiente es el punto de inicio. Lo interesante de este ejercicio es conseguir poder desplazarse con soltura, velocidad, de la manera lo más instantánea posible. Otro ejemplo: bajo quinta justa, subo segunda Mayor (las notas base sería comenzando por *do: fa sol, re mi, si do#*, etcétera, hasta completar el ciclo de 12 teclas).

⚜ ⚜ ⚜ ⚜ ⚜ ⚜

Los grupos de acordes, generalmente en secuencias de cuatro compases, son de gran utilidad al improvisador. Verter melodías basándose en fórmulas armónicas de probada consonancia es una de las maneras más habituales de generar música. La tonalidad suele definirse como un conjunto de relaciones que se establecen entre los sonidos. Podríamos extenderlo también a los acordes. Así, las relaciones más habituales, estadísticamente hablando, son las de quinta descendente (acordes de *sol* y *do*, por ejemplo), seguidas de las de quinta ascendente, segunda ascendente, segunda descendente, para finalizar con los pasos de un acorde a otro en relación de tercera, descendente y ascendente. Dicho de otro modo, una vez suena un acorde, el improvisador tiene los siguientes caminos posibles.

Uno es mantenerlo (añadiéndole o no «tensiones» o notas superiores), lo cual ralentizará el llamado ritmo armónico que hace referencia al número de cambios de acordes en el tiempo, por ejemplo, cuatro compases de acorde de *do* seguidos tienen un ritmo armónico más lento que dos de *do* y dos de *sol*, hablándose de aceleración del ritmo armónico cuando se produce esta relación en el número de acordes en el tiempo, pudiéndose volver a acelerar en la siguiente secuencia con un compás de *do*, uno de *sol*, otro de *do* y otro de *sol*, por ejemplo. El improvisador también puede realizar silencios o bien, lo más habitual, pasar a otro acorde, cambiar. Entonces, dada una nota, solo nos quedan otras seis posibles si no se va a repetir la anterior (aunque sí más sonidos si tenemos en cuenta las alteraciones, en total, once posibilidades).

En los esquemas con muchas relaciones de quintas en el bajo, es decir, en los que se suceden varias quintas seguidas en las notas más graves (porque vamos a considerar los otros intervalos como inversiones, por ejemplo, la cuarta ascendente equivale a la quinta descendente, la sexta a la tercera) hay una nota que es común entre dos acordes y pasa de ser la más importante del acorde a la menos importante (si es quinta justa, omisible si se desea sin alterar la sonoridad general del acorde, no perdiéndose su inteligibilidad, por ser el primer armónico de sonido diferente al fundamental o su octava), o viceversa. Por ejemplo, en *sol* (*si re*) seguido de *do* (*mi sol*), la nota común, *sol*, es la más importante de su acorde, la que llevaría el número 1 (contando desde la nota grave *sol*), y pasa a ser en el siguiente la menos importante, teniendo el número 5 (contando ahora desde la nota grave *do*), lo cual provoca una sensación auditiva de resolución, de llevar la música a una sensación de pérdida de tensión o cierre o disminución de su movimiento, por decirlo sinestésicamente. El caso contrario (*do* seguido de *sol*) provoca la sensación opuesta. En las relaciones de segunda (*do re* o *do si*) no hay notas comunes, lo cual favorece la variedad e impulsa la música en sensaciones de aumento de movimiento.

Las relaciones de tercera son algo estáticas en tanto que hay dos notas comunes, generalmente (*do la* o *do mi*, no hay las mismas notas comunes, sino grados, por ejemplo, si alteramos alguna, como en *do* seguido de *la* Mayor, en este caso se produce un aumento de la luminosidad, podríamos decir, de la tensión, nos hallamos probablemente ante un acorde que puede ser la dominante del siguiente, o la dominante de la dominante, o una triple enfatización incluso: *la* Mayor seguido de *re* Mayor, *sol* Mayor y *do* Mayor sería una triple D, dominante de la dominante de la dominante).

Un recurso mnemotécnico para interiorizar los esquemas armónicos que además ayude a reconocerlos auditivamente es ponerle letra, como cuando se aprendían las tablas de multiplicar con una cantilena («dos por una, dos; dos por dos, cuatro» con *sol sol la la sol mi*). Esa letra puede ser el propio nombre que le demos o que tenga el esquema armónico. Así, por ejemplo, el esquema de ocho acordes del celebérrimo *Canon* de Pachelbel, I V VI III IV I IV V, en notas en el tono de *do* Mayor, por ejemplo (el original está en *re* Mayor), *do sol la mi fa do fa sol*, podría cantarse asociado a la letra de ocho sílabas correspondiente a ese mismo nombre más una para adaptarlo correctamente ("el ca non de Pa chel bel es»). Así, al escuchar, por ejemplo, en la radio, al azar una nueva canción que tenga estas notas como base armónica, directamente vendría a nuestra mente el nombre del esquema armónico utilizado.

Otros ejemplos de temas con este esquema o variación del mismo, por orden alfabético, aquí y en adelante:

- «Ana y Miguel» (Mecano)
- Aria de la *Suite en re* (Johann Sebastian Bach)
- Irlandesa de la *Suite para flauta y piano jazz* (Claude Bolling)
- «Carrie» (Europe)
- «Mi princesa» (David Bisbal)
- «My baby don´t care for me» (Nina Simone)
- «Por una cabeza», estribillo (Carlos Gardel)

Otra manera de favorecer su memorización sería fijarse en las relaciones entre las notas, de modo que este esquema armónico se convertiría en «subir quinta justa, subir segunda diatónica» (*do*, punto de partida, *sol*, *la*) y así sucesivamente dos veces más: las quintas: (*la-mi*) (*fa-do*) y las segundas: (*mi-fa*) y (*fa-sol*). Como no se cierra por la relación entre I y IV del final (tendríamos un esquema más largo y sin cuadratura, que pasaría además por todos los grados, ejercicio que propongo además: *do sol la mi fa do re la sib fa do*, cerrando el círculo).

Por facilitar la lectura a un público amplio y no necesariamente docto en la materia los escribiré con el nombre de la nota, todos sobre *do* Mayor o *la* menor y mentalmente colocaremos la tercera y la quinta diatónicas, salvo los casos excepcionales que directamente marque de otra forma. Así, *do sol*, por ejemplo, se referirá al acorde de *do* Mayor (notas *do*, *mi* y *sol*) y al de *sol* Mayor (*sol*, *si* y *re*).

Puedes «bautizarlos» (fijarles un nombre para ti) con aquella referencia que te sea más conocida. Por ejemplo: I IV V V para unos será «La Bamba».

❧ ❧ ❧ ❧ ❧ ❧

EXPLORA 64: ⁶⁶Hijos de un mismo padre: misma armonía, diferentes melodías⁹⁹

Busca y anota más canciones, además de los ejemplos ofrecidos, que tengan los siguientes esquemas armónicos o relaciones de acordes; de cada uno puede haber decenas si no cientos (se ofrecen algunos de muestra, susceptibles de ser armonizados así, con el nombre del compositor o intérprete/s a los que se puede asociar):

- **V I** (*sol do*, o cadencia perfecta, para cantar los dos bajos y recordarlos se puede hacer en inglés, con dos sílabas «per-fect»). Muchos ejemplos con la disposición I V V I (*do sol sol do*, los dos primeros para «abrir», los dos siguientes para «cerrar» o pregunta/respuesta)
    - «A media luz» (Carlos Gardel)
    - «Campanas sobre campanas» (popular español)
    - «Cumpleaños feliz» (M. y O. Smith Hill)
    - «El manisero» (Moisés Simons)
    - «Hey Jude» (Beatles)
    - «Himno de la alegría» (Ludwig van Beethoven)
    - Jotas (popular español)
    - «La cucaracha» (popular méxicano)
    - «Lady lady» (Bravo)
    - «Macarena» (Los del Río)
    - «María de la O» (Marifé de Triana)

- «Money, money» (musical cabaret, Liza Minelli)
- «Noche de paz» (J. Mohr y F. X. Gruber)
- Paraelisa (Ludwig van Beethoven)
- «Santa Lucía» (popular napolitana)
- «Vete y pega la vuelta» (Pimpinela)
- «Yellow submarine» (Beatles)

- **IV I** (*fa do* o cadencia plagal)
  - «Aleluya» de *El Mesías* (Georg Friedrich Händel)
  - «Bailar pegados» (Sergio Dalma)
  - *Carros de fuego* (Vangelis)
  - *Gymnopédie n.° 1* (Erik Satie)
  - «Moon River» (Henry Mancini)
  - «Mujer contra mujer» (Mecano)
  - «My way», final (Frank Sinatra)
  - «Orzowei» (Oliver Onions)
  - «Sopa de amor» (Antonio y Carmen)
  - «Speak softly, love», de *El Padrino* (Nino Rota)
  - *The Flintstones* (Hanna/Barbera/Curtin)
  - *Vals de Amelie* (Yann Tiersen)
  - «When I fall in love» (Victor Young)
  - «Y nos dieron las diez» (Joaquín Sabina)

- **I II V I** (*do re sol do*)
  - «Alfonsina y el mar (Mercedes Sosa)
  - «All you need is love» (Beatles)
  - Balada de *Mackie el Navaja* (Kurt Weill)
  - *Ballade pour Adeline* (Richard Clayderman)
  - «Blanca navidad» (Irving Berlin)
  - «Cuando vuelva a tu lado» (también conocida en inglés por «What a different a day make») (Compositora: María Grever. Versión: Luis Miguel)
  - «Embraceable you» (George Gerswhin)
  - «Forrest Gump», tema principal de la B.S.O. (Alan Silvestri)
  - «In a mellow tone» (Duke Ellington)
  - «I´ve you under my skin» (Cole Porter)
  - «La mentira (Se te olvida)» (también conocida por

- «Yellow days») (Álvaro Carrillo)
- – «Me gusta mi novia» (Jorge Sepúlveda)
- – «O sole mio» (popular italiana)
- – Preludio No. 1 del primer libro CBT (WTC) (Johann Sebastian Bach)
- – «Soy minero» (Antonio Molina)
- – «Singing in the rain» (Gene Kelly)
- – «What a wonderful world» (Louis Armstrong)
- – «Wilkommen», de *Cabaret* (Liza Minelli)

■ **I IIM IIm V** (*do re* Mayor *re* menor *sol*)
- – «Chanson d´amour» (Manhattan Transfer)
- – «Chica de Ipanema» (Antonio Carlos Jobim)
- – «Desafinado» (Antonio Carlos Jobim)
- – «In the mood» (Glenn Miller)
- – «Love me tender» (Elvis Presley)
- – «So danço samba» (Joao Gilberto)
- – «Take the A train» (Duke Ellington)

■ **I VI II V** (*do la re sol*)
- – «A foggy day» (George Gerswhin)
- – «El reloj» (Los Panchos)
- – «I got rhythm» (George Gerswhin)
- – «Ojos verdes» (Concha Piquer)
- – «Perfidia» (Los Panchos)
- – «Quince años tiene mi amor» (Dúo Dinámico)
- – «Si nos dejan» (Luis Miguel)
- – «Somewhere beyond the sea» (Trenet/Lasry)
- – «Vals de las velas» (Popular escocesa)

■ **I VI IV V** (*do la fa sol*)
- – «Stand by me» (Ben E. King)
- – Unchained melody» (Alex North)

■ **IIM V** (*re* Mayor, *sol* o semicadencia a la dominante; a efectos prácticos podríamos concebir las otras semicadencias (a los otros grados que no fueran I o V como una perfecta transportada), encontrándolas en la suma de un grado a estas cifras: 5 1 más uno: 6 2, 7 3, 8 4, siendo la octava igual al sonido 1 de partida; así pues, 1 4 sería semicadencia a la subdominante, 2 5, 3 6 y 4 7. Se entiende que la primera cifra de cada grupo representa un acorde con tercera Mayor para que funcione como dominante del siguiente, que puede ser Mayor o menor indistintamente. Están expresados en cifras arábigas en este ejemplo por facilitar la comprensión de la naturaleza matemática de la armonía y gran parte de la música.

- «Yellow submarine» (Beatles)

■ **V VI** (*sol la*, un ejemplo posible de cadencia rota, especie de punto y coma de la música, de sensación de «*cuasi* final», de ruptura de la expectativa del oyente, temporalmente); otra manera de crear sorpresa y retardar la entrada de una cadencia perfecta sería utilizando en lugar del VI el IV< (*fa* sostenido disminuido) o el III (*mi*).

- *Ave María* (F. Schubert)
- *Danza Húngara No. 5* (J. Brahms)

■ **I IV V V** (*do fa sol sol*)
- «La Bamba» (Los Lobos)
- «Tell me more» (Grease)

■ **I I/VII I/VII> I/VI** (*ostinato* melódico cromatico descendente sobre tónica menor). Ejemplo en *la* menor, transcribo en cada línea las notas de cada acorde:

- *la do mi*
- *sol#* (mejor separado una octava grave) *la do mi*
- *sol* natural *la do mi*
- *fa#* *la do mi*

- «Angie» (The Rolling Stones)
- «Como pudiste hacerme esto a mí» (Alaska y Dinarama)
- *Chacona en re m* (Johann Sebastian Bach)

- «How insensitive» (Antonio Carlos Jobim)
- «Lamento» de *Dido y Eneas* (Henry Purcell)
- «Michelle» (Beatles)
- «Mujer contra mujer», final del estribillo (Mecano)
- «My funny Valentine» (Richard Rodgers)
- «Stairway to heaven», introducción (Led Zeppelin)
- «Taurus» (Spirit)
- *Variaciones en do m* (Ludwig van Beethoven)

■ Esquemas típicos pop: combinaciones con los acordes **I V VI IV** (*do sol la fa*) creando relaciones de cadencia plagal y rota o viceversa, comenzando por cualquiera de ellos:
- *la fa do sol* (—ta plagal ro—, una manera de recordarlo)
- *fa do sol la* (plagal rota)
- *do sol la fa* (—gal rota pla—)
- *sol la fa do* (rota plagal)

- «Amante bandido» (Miguel Bosé)
- «Asi voce me mata» (Michel Teló)
- «La mano arriba» (Danza Kuduro)
- «No woman no cry» (Bob Marley)
- «Te pintaron pajaritos» (Yandar y Yostin)
- «Vivir mi vida» (Marc Anthony)
- «Wracking ball» (Miley Cyrus)

Otra variante combinatoria:
la fa sol do

- «Lambada/On the floor» (Jennifer López)

Otros posibles esquemas pop:
I V II V (*do sol re sol*)
I III IV V (*do mi fa sol*)
I III II V (*do mi re sol*)
I VI II V (*do la re sol*)

V IV (*sol fa*, enlace más típico de la música moderna que la clásica, como por ejemplo en el blues y el rock)

- «Blue Monk» (Thelonius Monk)
- «Knocking on heavens door» (Bob Dylan)
- «Watermelon man» (Herbie Hancock)

■ Ejemplo de blues (12 compases): **I IV I I IV IV I I V IV I V**
- do7 fa7 do7 do7
- fa7 fa7 do7 do7
- sol7 fa7 do7 sol7

Variante: **I IV I V- I7 IV IV< I/V VI7 II V I V**
- do7 fa7 do7 / *sol* m do7 (los dos acordes en un compás)
- fa7 *fa*#b7 *do/sol* la7
- rem7 sol7 do7 sol7

■ Ejemplo de rock (8 compases): **I I IV I V IV I V**
- *do do fa do*
- *sol fa do sol*

Variante (16 compases): **I IV I I I IV I I IV IV I I V IV I I**
- *do fa do do*
- *do fa do do*
- *fa fa do do*
- *sol fa do do*

■ **I II>**(*mi* Mayor, *fa* alternándose hipnóticamente, fandango siglo XVIII)
- «Chiquilla» (Seguridad Social)
- «En un mercado persa» (Albert Ketelbey)
- «Fandango» (Antonio Soler)
- «Fandango» de (Luigi Boccherini)
- «Malagueña» (Isaac Albeniz)
- «Rumores de la Caleta» (Isaac Albéniz)

- **IV III> II> I** (cadencia «andaluza», en el modo menor o frigio: *la sol fa mi* Mayor)
  - «Angelitos negros» (Antonio Machín)
  - «Bulería» (David Bisbal)
  - «Como el agua» (Camarón de la Isla)
  - «El paño moruno» (Manuel de Falla)
  - «Getsemaní», del musical *Jesucristo Superstar*, final (Camilo Sesto)
  - «Granada», introducción (Agustín Lara)
  - «Hoy» (Gloria Estefan)
  - «La Tarara» (popular española)
  - «Nana y Anda Jaleo» (popular española, trans. Federico García Lorca)
  - «Obi oba» (Chichos)
  - «Suspiros de España» (Concha Piquer)
  - «Tanguillo de Cádiz» (popular español)
  - «Te aviso, te anuncio» (Shakira)
  - «Voy a pintar» (Los tres sudamericanos)

- **IV I V I IV IIIM** (*fa do sol do fa mi* Mayor, esquema extraído de fragmento de fandango resumido, siendo III la nueva tónica modal frigia y IV su II>)
  - «Fandango flamenco» (popular español)
  - «Granaínas» (popular andaluza)
  - «Malagueñas» (popular andaluza)
  - «Paquito el Chocolatero» (Gustavo Pascual Falcó)
  - «Tarantas» (popular andaluza)

- **I VII IIIM VI** (*do si mi* Mayor *la*)
  - «Color esperanza» (Diego Torres)
  - «Contigo aprendí» (Los Panchos)
  - «El día que me quieras» (Luis Miguel)
  - «Mi buen amor» (Camilo Sesto)
  - «Yesterday» (Beatles)

- **VI> V I** (*lab sol do*)
  - «Night and day» (Cole Porter)

- *Preludio en do sostenido m op. 3 n.° 2* (Sergei Rach-maninov)
- «Summertime» (George Gerswhin)

■ **VII> IV I** (*si♭ fa do*)
- «Highway to hell» (AC/DC)
- «Let it be» (Beatles)

■ **I VII> I V** (*la sol la mi* Mayor, *pasamezzoantico* con ace-leración del ritmo armónico al final para hacer respues-ta a la tónica, posibilidad en picarda)

Variante 1: I V I VII> III VII> I V (*la mi* Mayor *la sol do sol la mi* Mayor, Folías)
Variante 2: III VII> I V (*do sol la mi* Mayor, Pasamezzo mo-derno)

- *1492* (Vangelis)
- «Folías» (popular española)
- «Greensleaves» (popular inglesa)
- *Sarabande* (Georg Friedrich Händel)

■ **(I) IV VII> III VI II V I** (*do* menor, *fa* menor, *si♭*, *mi♭*, *la♭*, *re* disminuido, *sol* Mayor, *do* m/M o ciclo de quintas descendentes en el modo menor, posibilidad de aca-bar con tónica Mayor que se convierte en dominante de la subdominante para volver al comienzo del ciclo o círculo)
Transportado a *la* menor encontramos solo un acorde con tecla negra:
la re sol do fa si mi Mayor *la*

- *Adagio* (Tomasso Albinoni)
- «All the things you are» (Jerome David Kern)
- «A quién le importa» (Alaska)
- «Autumn leaves» (Jacques Prévert/Joseph Kosma)
- «Blue bossa» (Kenny Dorham)

- «Cantinero de Cuba» (Sergio y Estíbaliz)
- «Devórame otra vez» (Lalo Rodríguez)
- «Europe» (Santana)
- «Fly me to the moon» (Frank Sinatra)
- «Gwendoline» (Julio Iglesias)
- «Historia de un amor» (Luis Miguel)
- «Invierno» de *Las cuatro estaciones*, fragmento (Antonio Vivaldi)
- «I will survive» (Gloria Gaynor)
- «Love story» (Francis Lai)
- «Spain» (Chick Corea)
- *Sinfonía No. 40* (fragmento, Wolfgang Amadeus Mozart)
- «Viva america» (Banzai)

- **(I) IV VII III VI II V I** Ejercicio como el anterior pero en modo Mayor (*do fa si mi la re sol do*)
  - «Cavatina» (Stanley Myers)
  - «Jim» (Caeser Petrillo/Edward Ross)
  - «Meditation» (Antonio Carlos Jobim) última frase, con enfatizaciones
  - «Moon river» (Henry Mancini), fragmento, con enfatizaciones
  - «Sabor a mí»

- **I IV** (*la fa*, en modo menor)
  - *Chacona* (tercer compás) (Johann Sebastian Bach)
  - «Hey baby (drop it to the floor)» (Pitbull)
  - *Marcha fúnebre* (Frédéric Chopin)
  - «Moonlight shadow» (Mike Oldfield)
  - *Pavana* (Gabriel Faure)
  - «Pink Panther» (Henry Mancini)
  - *Serenata* (Franz Schubert)
  - «The final countdown» (Queen)

- **I III>** (*do mi♭*)

- **I VI>** (*do lab*) (Paso súbito a mediantes (tercer grado, rebajado o no) o submediantes (sexto grado, en caso de rebajado, mayor interés armónico, conservar una nota común —relaciones mediánticas: la tercera se convierte en fundamental o quinto grado del segundo acorde).
  - «Granada», «Sevilla», «Aragón» (Isaac Albéniz)
  - «Tea for two» (Doris Day)

- **I III** (*do mi*)
  - Aline (Christophe)
  - *Carros de fuego*, parte central (Vangelis)
  - «Memorias de África» (John Barry)
  - «Over the rainbow», del musical *El mago de Oz* (Harold Arlen)

- **I IIIM** (*do mi* Mayor)
  - «All of me», *standard* de jazz (Marks/Simons)
  - «Only you» (The Platters)

- Acordes con 5a aumentada (con las notas *do mi sol* sostenido)
  - «Brasil», samba (Ary Barroso)
  - «I feel pretty» (Leonard Bernstein)
  - *James Bond*, tema principal (John Barry)
  - «Te quiero, dijiste (Muñequita linda)» (María M. Grever)

- **IV II> I/V V I** Uso de II> (acorde de «napolitana», *reb* Mayor)
  - *Indiana Jones*, tema principal (J. Williams)
  - Sonata «Claro de luna» (Ludwig van Beethoven)

- **I IM7 I7 I6** El mismo acorde con distintas séptimas (generalmente Mayor, menor y sexta Mayor añadida)
  - «In a sentimental mood» (Duke Ellington)
  - «Fascinacion», vals (Fermo Dante Marchetti)

- «Habanera» de *Carmen* (Georges Bizet)
- «Jingle bell rock» (Beal/Boothe)
- «La vie en rose» (Edith Piaf)
- «Strangers in the night» (Sinatra)
- «Tenderly» (Ella Fitzgerald)

■ **I I6m (o I aum) I6M I7** El mismo acorde con un movimiento cromático ascendente de la nota superior (quinta). Más frecuente uso en el modo menor. Ejemplo, cada tres notas un acorde o arpegio ascendente: *do mi♭ sol, do mi♭ sol#, do mi♭ la, do mi♭ si♭*).
Fragmentos del esquema en:
- «Summertime» (George Gerswhin)
- Tema de *James Bond* (John Barry)
- Tema de amor de *Two much* (Michel Camilo)
- *The X files* (Mark Snow)

Apéndice: sobre los esquemas anteriores pueden probarse las siguientes variantes:
■ **IVM** en contexto de modo m
- «La flaca» (Jarabe de palo)

■ **IVm** en contexto de modo Mayor
- «Arrivederci Roma» (Renato Rascel)

■ **Vm** en contexto de modo Mayor
- «Boadicea» (Enya)
- «Hijo de la luna» (Mecano)
- Tema de *Romeo y Julieta* (Nino Rota)
- *Pavana*, cuarto acorde (Gabriel Faure)

⁖⁖⁖⁖⁖⁖

ᴥ ᴥ ᴥ ᴥ ᴥ ᴥ

EXPLORA 65: **"Emplea tu vocabulario"**

Ahora es el momento de aplicar el conocimiento melódico adquirido anteriormente a los esquemas armónicos. Elige un motivo melódico y comienza a «hablar con él», primero realizando progresiones de una sola «palabra» (idea musical) por cada acorde o compás, después con varias.

Ejemplos de «palabras» (diferentes motivos melódicos):
- *do do do* y silencio
- *do re do*
- *do re mi*
- *do re mi sol*
- *do mi sol*
- *do re mi fa sol*
- *do si♭ do* (descendiendo, ascendiendo)

Aplicadas al esquema armónico I IV V I (*do fa sol do*):
- Con una palabra: **do** *re mi,* **fa** *sol la,* **sol** *la si,* **do** *re mi*
- Alternando varias: **do** *si♭ do,* **fa** *sol la,* **sol** *fa sol,* **do** *do do*

Muy importante: cambiar de acorde no significa transportar en la melodía el motivo a otra tonalidad (transportar es mantener la misma disposición de tonos y semitonos exacta en el siguiente motivo), la mayoría de las veces se realiza una progresión con las notas de la misma escala principal. Cuando analices un *standard* de jazz, por ejemplo, fíjate que hay «zonas», es decir, grupos de acordes que pertenecen a la misma sonoridad o escala (tonalidad general de cada fragmento), de modo que, frecuentemente puedes reducir lo que aparentemente son 32 compases con muchos acordes diferentes a: tonalidad principal, tonalidad nueva, tonalidad principal —y señalar algún acorde(/s) muy característico por su especificidad, diferencia, tensión, «simetría», en el que usar alguna escala «especial» afín a esta especificidad excepcional—. Se insiste en que no hay que usar 32 escalas diferentes, ni 32 tonalidades, sino agruparlas por áreas en las que rige una.

ᘉ ᘉ ᘉ ᘉ ᘉ ᘉ

EXPLORA 66: "Caminos trillados"

El siguiente esquema —*do* Mayor, *do*7 o *mi* disminuido (dominante de la subdominante o sensible de la subdominante), *fa* Mayor o acorde de Rameau (cuarto grado con sexta añadida, *fa la do re*), *re* Mayor 7 o *fa* sostenido disminuido (dominante de la dominante o sensible de la dominante), *do* Mayor en segunda inversión (acorde de I/V o sobredominante, función quinto grado), acorde de *sol* Mayor (en sus múltiples variantes) y acorde de *do* Mayor o tónica (o *la* menor, cadencia rota y vuelta a la tercera línea)— es una especie de resumen de rutas o caminos armónicos más habituales en el sistema tonal. No hay por qué tocar todos los de cada línea, elige uno. Lo que se ofrece es una secuencia muy lógica en la que estadísticamente se encuentran a menudo cuando se analiza la música del pasado. Trabájalo transportando a todos los tonos y creando melodías sobre él.

Variante: Los acordes tríadas de tónica, subdominante y dominante, es decir, de primero, cuarto y quinto grados pueden ser trabajados incluyendo antes retardos (de la tercera por la cuarta o *do fa sol*, *fa si♭ do*, *sol do re*, y también de la tercera por la segunda o *do re sol*, *fa sol do*, *sol la re*). Por ejemplo: para llegar al acorde de tónica antes puedes tocar otra nota, resultando la secuencia: *do **re** sol*, *do mi sol*; o bien, también, *do **fa** sol*, *do mi sol*. Las notas en negrita son los retardos.

ᘉ ᘉ ᘉ ᘉ ᘉ ᘉ

જ્જ જ્જ જ્જ જ્જ જ્જ જ્જ

EXPLORA 67: "Rearmonizar"

Estadísticamente los grados más utilizados son, por orden de frecuencia: V I IV II VI III VII. Una vez se parte de una melodía dada o un esquema armónico es posible cambiar algunos acordes. Piensa que el acorde I comparte con VI y III dos notas, al igual que V con VII y IV con II. En algunos casos podrían ser «intercambiables» de alguna manera. Es decir, respecto del último ejemplo: *fa la do* y *re fa la* tienen en común *fa* y *la*, dos notas importantes del acorde, el 66 de su genética, podríamos decir, si se permite el símil, son primos hermanos.

También se puede sustituir a veces aquellos acordes que funcionan como dominantes, es decir, que tienen tercera Mayor (y séptima menor, que puede estar omitida) y son seguidos por otro (Mayor o menor) a distancia de quinta justa descendente, por su tritono. Por ejemplo, en la tonalidad de *do* Mayor, en ocasiones se puede sustituir el acorde de *sol* Mayor por el acorde de segundo grado rebajado, *reb* Mayor (también será un acorde Mayor), con o sin séptima menor. Este procedimiento deriva en realidad del fenómeno de las sextas aumentadas. Por tanto V puede ser rearmonizado a veces por II>(7), así como VI(7) por III>7 (*la* Mayor 7 por *mib* Mayor 7), II7 por VI>7 (*re* Mayor 7 por *lab* Mayor 7), y así sucesivamente con los 12 acordes.

Ejemplo: la serie de acordes E7 A7 D7 G7 C (quintas descendente) puede sustituirse tritonalmente por Bb7 Eb7 Ab7 Db7 C (también quintas descendentes, menos la resolución final a la tónica C). Combinando unos con otros pueden ofrecerse estas otras variantes en que las fundamentales caminan cromáticamente:

- E7 Eb7 D7 Db7 C
- Bb7 A7 Ab7 G7 C

Variante: crear un bajo nuevo a una melodía dada. No importa si hay disonancias, se trata de explorar «mundos nuevos», seguro puedes aprovechar un diez por ciento de una nueva «aventura» armónica.

᠅ᠲᠣ ᠅ᠲᠣ ᠅ᠲᠣ ᠅ᠲᠣ ᠅ᠲᠣ ᠅ᠲᠣ

EXPLORA 68: *"Voicings"*

O disposiciones de las voces. En música clásica un concepto similar sería el de inversión del acorde. Incluye duplicaciones y omisiones, así como el añadido de resonancias o tensiones que no tienen por qué figurar en el cifrado moderno necesariamente. Sí se realiza en la práctica (creativa) de los pianistas acompañantes y solistas actuales, un poco a la manera de la libertad que también ofrecía el desarrollo del bajo continuo hace siglos.

Hay muchas posibles disposiciones de los sonidos en un teclado con varias octavas (distintos registros, muy grave, grave, medio, agudo, muy agudo). Mientras más grave más cuesta identificar las notas si los intervalos son pequeños (empastan peor), y viceversa, hacia el agudo las «disonancias» se aceptan más auditivamente hablando. Es más agradable escuchar un acorde con una segunda Mayor, por ejemplo, en el registro más agudo que en el grave.

También se pueden repartir entre las manos de manera que se produzcan distintos efectos (acordes de mayor o menor densidad). Generalmente los intervalos más amplios suelen estar en la parte más grave de la disposición de las voces, y viceversa.

Aquí se proponen algunos «trucos» sencillos para el acompañamiento con muchas voces:

a) Pensar el acorde por cuartas descendentes. Por ejemplo, si se quiere hacer un acorde de dominante en la tonalidad de *do* Mayor, coloco la nota *sol* en el quinto dedo de la mano derecha y voy descendiendo con las notas diatónicas (*sol re la mi si fa*), de modo que el acorde a ejecutar resultante (leído ascendentemente) sería: *fa si mi la re* **sol**. En negrita aparece la nota que da nombre al acorde, que está en la voz más aguda. Un acorde de tónica cercano a este a distancia de segunda sería *mi la re sol* **do** (esta última nota, *do*, es omisible a la hora de acompañar a otros instrumentos, aun siendo la fundamental del acorde, en función de si se toca con un instrumento grave —guitarra bajo, contrabajo, fagot, tuba...—, realizando una base, lo que comúnmente se denomina «un bajo») También puede añadirse y/u omitirse la nota *fa#* más aguda o la nota *si* como nota más grave.

b) Acordes por cuartas «So What» (toma el nombre de este standard de jazz). Para practicar en movimiento paralelo. Es una variación del anterior, de manera que se forma pensando tres cuartas ascendentemente desde la nota más grave y finalizando con una tercera): Ejemplos: *do fa sib mib sol*. Desde *sol*: *sol do fa sib re*. Como se observa, esta última nota es en realidad una quinta de la nota más grave, lo cual contribuye a su carácter más eufónico que en el punto a), por tener menor densidad (menos notas diferentes sonando al mismo tiempo). Al ser acordes de· sonoridad compleja y algo ambigua pueden funcionar como realización (con tensiones) de acordes de sexto grado rebajado y de segundo grado rebajado. Permiten otras variantes, como (para el ejemplo *do fa sib mib sol*): *re sol sib mib sol*, *mib lab si b mib sol* y *mi la sib mib sol*.

c) Para realizar acordes con muchas voces de manera ágil se ofrece el siguiente consejo: omitir la nota fundamental en un acorde complejo y pensar que se tocaría con el dedo cuarto de la izquierda y tocar los dedos 5 3 2 y 1, pero este último a distancia de tercera o cuarta. Es decir, para un acorde de *do* Mayor, colocar el dedo anular en la tecla *do* sin pulsarla y tocar *si re mi sol* y/o *la* (con cualquiera de las alteraciones posibles que se podrían añadir si fuera un acorde de dominante; en este caso podría ser además de con la nota *si* con *re♭*, *mi♭* o *re♯*, *la♭* y/o *si♭*).

d) De la misma manera que en el ejemplo anterior, otro modo rápido de realizar un *voicing* con muchas tensiones es pensar que la nota fundamental quedaría en el hueco que se produce entre el primer y el segundo dedo cuando se extienden estos; se tocaría también con 5 3 2 1. Un ejemplo para un acorde de *do* Mayor sería la disposición de las notas *mi la si re* (se piensa que se iba a tocar *do* pero queda sin ejecutar entre las teclas *si* y *re*, *sol* se puede omitir por ser quinta justa del acorde).

e) Acordes por quintas ascendentes. De manera similar al ejemplo a), en el que se superpone el mismo intervalo varias veces, tantas como se acepten musical y perceptiva o psicológicamente hablando, puede realizarse con quintas. Si tu mano te permite tocar una novena (siempre es posible arpegiar y usar el pedal derecho o de prolongación), se puede construir un acorde de seis quintas con las dos manos: izquierda *do sol re* y derecha *la mi si*. Variante: Mueve este acorde como en los ejercicios de cuartas, también paralelamente, ascendiendo y descendiendo, y se halla, entre otros, el acorde de subdominante *fa do sol re la mi* (con tensiones añadidas, en orden de sonido 9.ª, 13.ª, 7.ª) y de dominante *sol re la mi si fa*. Es un acorde muy interesante, con resonancias próximas a la naturaleza libre de la vibración sonora, al venir generado de los propios armónicos de cada una de sus notas.

ஓ ஓ ஓ ஓ ஓ ஓ

❧ ❧ ❧ ❧ ❧ ❧

EXPLORA 69: "Reparto de las voces"

Practica de todas las maneras la conducción de voces, de manera que si se toca con una «densidad 4», es decir, siempre suenan cuatro notas distintas en el paso por los distintos acordes (también llamados cambios armónicos), sepas distribuirlas entre las dos manos de todas las maneras posibles:

IZQUIERDA	DERECHA
1 voz	3 voces
2 voces	2 voces
3 voces	1 voz

Variante 1: inténtalo con texturas de cinco voces diferentes, en este caso tienes más posibilidades, quizá lo más interesante es aprender a llevar el máximo posible de notas distintas en la misma mano que lleva la melodía (frecuentemente la derecha).

Variante 2: la textura «Thalberg», también a varias voces, consiste en llevar la melodía alternando los pulgares de ambas manos, usando los restantes dedos para crear bajo, acompañamientos y/o contrapuntos. A los pulgares les suele ser muy fácil destacar las notas, lo cual redunda en la calidad del sonido global. Si unes tus pulgares y los separas de tus índices tus manos emularán la forma de moverse de una mariposa o un pájaro. La idea es que la «cabeza de la mariposa» lleve la melodía, y el cuerpo, el bajo y el acompañamiento.

❧ ❧ ❧ ❧ ❧ ❧

ঔঙ্গ ঔঙ্গ ঔঙ্গ ঔঙ্গ ঔঙ্গ ঔঙ্গ

EXPLORA 70: **"Las notas guía"**

La tercera y la séptima de los acordes son muy características, tanto que definen el tipo de sonoridad, el color, la personalidad. Escuchar solamente un bordón *do sol* no define
el modo, cada uno puede sentirlo internamente como
acorde Mayor o menor (aunque en efecto resuene muy,
muy suavemente, como armónico la nota *mi* natural).
Construir melodías basándose en estas notas (fundamental
y quinta) a veces produce resultados sonoros no tan ricos
como si se apoyan en las terceras y séptimas. Por tanto son
notas ideales sobre las cuales construir un esqueleto «melódico», es decir, aquellas notas sobre las que se podría caer
en los primeros tiempos de compás sobre el nuevo acorde.
Si tomamos el ejemplo anterior, E7 A7 D7 G7 C, las notas
guía (pueden ser otras, como las novenas, piénsese en el
comienzo de la celebérrima «Chica de Ipanema» de Antonio Carlos Jobim) serían *sol# re* en el primer acorde, *do# sol*
en el segundo, *fa# do* en el tercero, *si fa* en el penúltimo y,
para finalizar, *mi* y añadamos *si* natural (que ofrece mayor
sensación como séptima Mayor de reposo que como séptima menor). Como los acordes siguen un ciclo, se puede
incluso escoger en orden distinto, es decir, 3.ª 7.ª 3.ª 7.ª
(*sol#*, *sol* natural, *fa#*, *fa*, *mi*) o 7.ª 3.ª 7.ª 3.ª (*re*, *do#*, *do* natural, *si* y nuevamente *si*) en orden a realizar poco movi-
miento melódico o un movimiento claramente descendente.

ঔঙ্গ ঔঙ্গ ঔঙ্গ ঔঙ্গ ঔঙ্গ ঔঙ্গ

෧෧ ෧෧ ෧෧ ෧෧ ෧෧ ෧෧

EXPLORA 71: "**Reordenando**"

Con todo lo practicado hasta ahora puedes construir improvisando una obra con las tres líneas musicales básicas (bajo, acompañamiento y melodía). Asigna a cada parte una mano, pudiendo llevar las dos primeras con la izquierda (lo más usual) o las dos últimas con la derecha (en función del tipo de música, a veces también es posible). Dale a cada línea su peso musical, su importancia característica en cuanto a su dinámica (siendo la melodía la que suele llevar más volumen, seguida de bajo y acompañamiento en este orden), actividad rítmica (en general el acompañamiento es un flujo rítmico más estable, menos cambiante que la melodía, que suele llevar los valores opuestos a este en la textura típica de «melodía acompañada», es decir, por ejemplo, cuando el acompañamiento es en corcheas, la melodía en blancas, y viceversa, en aras de dar variedad y «rellenar» rítmicamente espacios o huecos, aunque no necesariamente). Los acompañamientos pueden tener una textura arpegiada o acordal, tener mayor densidad armónica (número de voces sonando al mismo tiempo, desde dos hasta un máximo de siete; en este último caso generalmente repartidas entre las dos manos o bien eliminando aquellas voces interiores del acorde menos relevantes).

Variantes: Intenta invertir el orden habitual: melodía con la mano izquierda, o mayor énfasis dinámico en notas de la armonía, o cambios rítmicos frecuentes y constantes en el acompañamiento, o densidad melódica superior máxima (por ejemplo, tres voces, dos en movimiento contrario y una produciendo oblicuo)... Recuerda que para que haya un mínimo de inteligibilidad tiene que haber también un mínimo de velocidad. Imagina que te hablan a razón de una sílaba cada tres segundos, suele costar mucho esfuerzo entender al principio de qué se trata lo así expuesto.

🔍 INVESTIGA 13: "**Armonía y esquemas armónicos**"

En las siguientes direcciones de internet hay más material para repasar y ampliar sobre estos contenidos:

https://es.m.wikibooks.org/wiki/Teoría_musical/Armonía/
Progresiones_armónicas
https://comocompongo.wordpress.com/2011/02/21/armonia-funciones-armonicas-para-dummies-por-supuesto/
http://musica.fakiro.com/diccionario/estructura-armonica.html
http://crearmusica2.blogspot.com.es/2013/02/standars-del-renacimiento.html

Dos ebooks de descarga gratuita:
http://www.lulu.com/shop/agustin-manuel-martinez/acordes-para-acompañar-grandes-éxitos-pianoguitarra/ebook/product-21857460.html
http://www.lulu.com/shop/agustin-manuel-martinez/acordes-de-hits-musicales-y-villancicos/ebook/product-21857450.html

🔍 INVESTIGA 14: "**Selección de vídeos sobre armonía**"

En los siguientes vídeos se halla mucha inspiración para el improvisador.

- Emociones y armonía:
  Nuevas Teorías Musicales-Armonía Funcional (Lección 2)
  jamonpodcast
  http://youtu.be/Uv1bytrjM3Y
  Esquema *do sol la fa* (subir quinta desde el tono inicial, subir segunda, bajar tercera y subir quinta para volver a empezar o +5+2-3+5 o cadencias rota y plagal encadenadas) en muchos ejemplos de melodías:

  4 Chords
  The Axis of Awesome
  http://youtu.be/oOlDewpCfZQ

  Más ejemplos (divertido):
  Pachelbel rant with spanish subtitles
  Mara Innerfate
  http://youtu.be/OGM7PsXGkgg

  Más ejemplos (en castellano):
  La fórmula del éxito en la música industrial
  Aldo Narejos
  http://youtu.be/bXlAXEAdwOk

- Acordes y emociones. Modo Mayor:
  Mozart et les fonctions harmoniques
  Zviane minow
  http://youtu.be/Ln5O1Lultrs

- Acordes y emociones. Modo menor:
  Mozart et les fonctions harmoniques, part II
  Zviane minow
  http://youtu.be/GFuFOCBNBFA

- Una canción que enseña sus entrañas, cómo está compuesta:
  SOL-TI-RE-FA Dominant 7 Song
  David Newman
  https://www.youtube.com/watch?v=RWo-ETIGpLg

- Enfatizaciones:
  Secondary Dominants Song
  David Newman
  http://youtu.be/6ub9ltOUH1I

7

IDEAS PARA LA CREACIÓN DE CANCIONES

Cada persona desarrolla su propio lenguaje improvisatorio. Lo ideal es que sea lo más versátil posible, lo más amplio y variado que pueda. Este capítulo es una aplicación de conceptos aparecidos en los anteriores y tiene como objeto mostrar un posible proceso de creación de una canción.

La improvisación puede ser libre y sin objeto de permanencia en el tiempo, y también es cierto que a muchas personas les gusta reelaborar sus materiales improvisados para generar composiciones. El fruto de improvisar consciente y regularmente es acortar la distancia entre la creación de canciones de menor y mayor calidad hasta poder llegar a la inmediatez entre la idea y la realización o plasmación sonora (posteriormente escrita o en tiempo real usando las nuevas tecnologías).

7.1. ¿Por dónde empezar?

Hay varios caminos posibles. El más habitual y sencillo es partir de un poema con buena estructura rítmica, es decir, cuya versificación y distribución de acentos tenga una distribución regular, cierta repetición, «lógica» para poder «cuadrar» el texto con el sentido métrico de nuestra melodía.

El camino inverso, poner letra a una melodía ya existente es más difícil y suele ofrecer peores resultados dado que el sentido textual se ve comprometido habitualmente por la dificultad de encontrar palabras que reflejen el sentido que tiene la acentuación que la música impone. Lo que se podría denominar «imponer letras con calzador». Un diccionario de la rima y otro de sinónimos en estos casos es un recurso muy útil.

Componer letra y música simultáneamente es posible. En este caso hay que prestar atención a la coincidencia entre partes fuertes del compás, o notas sincopadas, o notas acentuadas, o notas más largas... con aquellas sílabas más fuertes de los versos, de forma que no se desvirtúe el carácter «hablado» del texto al cantarse; por ejemplo, que la palabra «canto» no suene «cantó» dependiendo de dónde se coloque el acento musical.

Los finales de frase son importantes ya que puede reflejarse de algún modo si el verso tiene intención enunciativa, interrogativa o exclamativa en función de si las últimas notas ascienden en los dos últimos casos o no. El tipo de cadencias (rotas o semicadencias en el caso de versos interrogativos o exclamativos) refuerza esta intención de mayor unión música-texto.

En cuanto a componer primero melodía o armonía, existen dos tipos de enfoque. La segunda opción es más compleja, más utilizada por los grandes compositores, y suele dar mejores resultados.

7.2. La forma: los motivos melódicos

Repetir más de tres veces un mismo motivo suele ser causa de falta de ideas, de monotonía, y provoca en el oyente habitualmente sensación de falta de expectativa, aburrimiento y hasta comicidad debido a lo inusual.

Por ende las frases típicas suelen construirse de los siguientes modos: aaab, abba, aaba, abca, aabc. Y rara vez: abcd, aaaa; un ejemplo extremo de música totalmente cambiante el penúltimo, muy sorpresiva, que no genera memoria de reconocimiento motívico en la audiencia, o lo contrario el último, como se ha comentado al principio.

7.3. La estructura armónica: cuadratura

Muchas veces las canciones muestran agrupaciones lógicas en grupos de cuatro compases cuatro veces, o sea, dieciséis. De manera que si observamos las estructuras verticalmente suelen coincidir acordes en puntos clave como son los compases 1, 5, 9 y/o 13 (los comienzos) o 4, 8, 12 y/o 16 (los finales).

Las estructuras armónicas más simples son aquellas que usan tónica y dominante exclusivamente. Ejemplos:

- I I I I
- V V V V
- I I I I
- V V I I

O, menos repetitivamente:

- I I I V
- V V V I

Llegados a este punto es frecuente que sobre el 61 aproximadamente (punto áureo) de la frase o de la canción aparezca un acorde diferente, que llame la atención psicológicamente por su novedad, que genere el interés que la repetición suele desincentivar.

Por ejemplo:

- I I V V
- V V I I
- I I IV IV
- V V I I

Es posible componer música en estilo modal sin dominante usando otros grados que generen tensión, como en el caso I II> I. Por ejemplo: *do* M, *reb* 7, *do* M.

7.4. Algunos enlaces en cuadratura típicos

Cerrados (acaban en tónica, para realizar «preguntas»):

- I II V I
- I IV V I
- III II II> I
- VI II V I
- I VII> IV I

Abiertos (acaban en dominante, para realizar respuestas). También pueden usarse como últimos acordes II> y VII:

- I III IV V
- I IV II V
- III IV IV< V
- I VI VI> V
- I VI II7 V

7.5. Silabación

Una misma melodía puede contener dos tipos de texto: silábico (correspondencia unívoca entre una nota o sonido y una sola sílaba) y melismático (varias notas distintas para una única sílaba). En los momentos de máximo interés, particularmente zonas álgidas, partes más agudas y finales, es más típico realizar estos melismas o especie de adornos vocales, de todo tipo y duración.

A tener en cuenta también cómo en las notas más agudas, especialmente a partir del *re*4 según el índice acústico franco belga, es preferible usar las vocales *a* y *o* en ese orden de preferencia e intentar evitar que coincidan con *u*, *e*, *i*, también por ese orden, por razones de timbre (el llamado *singing formant* dificulta cantar tímbricamente puras estas vocales, pudiendo afectar a la afinación).

7.6. Tipos de acompañamiento

Es interesante que vaya en relación al sentido textual y que pueda variar conforme a este. Hay múltiples opciones: en diferentes registros (preferiblemente inferior al ámbito vocal), figuraciones rítmicas (más o menos rápidas que la melodía, generalmente haciendo lo contrario, ejemplo: voz en blancas, piano en semicorcheas y viceversa)… Es esencial tener en cuenta la dinámica, de manera que el acompañamiento no enturbie la percepción del sentido del texto, para que se produzca un mínimo de inteligibilidad de la melodía. También hay que considerar la posibilidad del uso de partes sin acompañamiento, en silencio: es interesante para dividir zonas articulatorias de la composición.

Tipos básicos:

▓ Acordal homofónico, como en la música coral.

▓ Acordes arpegiados, de diversas maneras, ascendentes, descendentes, zigzag...

▓ Acordes partidos, bajo-resto del acorde.

Texturas:

▓ Imitativa o contrapuntística (horizontal).

▓ homofonía (vertical).

▓ Melodía acompañada (dos funciones bien diferenciadas).

▓ Heterofonía (pedal(es) + melodía y otra parte realizando variación simultánea)...

7.7. Algunas ideas para componer buenas melodías

A la hora de crear melodías puede tenerse en consideración también:

▓ El sentido ascendente o descendente de las frases según el sentido del texto.

▓ La aceleración del ritmo armónico en los finales (más acordes en menos tiempo para despertar interés psicológicamente en el oyente cuando la composición avanza).

▓ La gradación de la obra, es decir, que el estribillo alcance notas más agudas que en la estrofa de manera progresiva.

▓ Buscar algún tipo de sorpresa o disrupción respecto a los esquemas habituales (por ejemplo utilizando puentes) que suelen ser en la canción moderna tipo:

▓ A nivel textual: A B C B B (dos estrofas diferentes, un mismo estribillo).

▓ A nivel musical: A B A B B.

▓ Incluir modulaciones interesantes.

▓ Subir un semitono, tono, tercera menor o mayor (más interesante) al final para generar un incremento de interés en el oyente.

7.8. Consideraciones sobre estilos actuales y antiguos

Cada género tiene sus convenciones, su manera de combinar a veces los mismos elementos. Las diferencias entre muchos de los estilos populares comerciales a veces son mínimas y consisten más bien en diferencias tímbricas, de la letra, de la estética que rodea un espectáculo, como la vestimenta; es decir, que la mayoría se mueven en un ámbito tonal, usando los mismos acordes, con similares encadenamientos, con similares compases, *tempi* (bpm), células rítmicas con variaciones ínfimas… Aun así se pueden distinguir, a grandes rasgos:

- Música moderna: suele utilizar acordes en estado fundamental, sin inversiones; frecuente adición de 7.as, 9.as, 6.as y/o 11.as (estas últimas alteradas con frecuencia ascendentemente) o «tensiones», sobre cualquier grado. Uso de los acordes por su color armónico. Predominancia del enlace II V I. Progresión V IV (blues, rock y otros estilos). Puentes o *turnarounds*.

- Música clásica: usa más frecuentemente acordes invertidos, enlazando las voces con la menor distancia posible; no usa tantas tensiones ni sobre tantos grados (lo más usual sobre dominante y dominantes secundarias). Uso de los acordes por su función armónica. Predominancia del enlace IV V I. Progresión IV V. Desarrollos. Puntos álgidos o clímax en zona áurea (más o menos 61% de la duración de la obra). Aceleraciones del ritmo armónico en los finales (los acordes se suceden en valores cada vez más cortos).

7.9. Introducciones y/o finales (o codas)

Son opcionales y sirven para preparar al oyente ante las ideas musicales principales o coronar las obras, dejar sentado que se halla próximo el final. Suelen ser de material temático variado: bien muy diferente, hasta sorpresivo, muy contrastante con el tema principal, bien similares, que vayan preparando, acercando, creando un ambiente similar al del tema a introducir. Lo característico en una introducción es que el oyente tiene que percibir que es algo que «te lleva», que es algo secundario de alguna manera, bien por lo breve, lo fragmentado, lo suave, un «aperitivo» que capta inicialmente tu atención para, una vez logrado, presentar «el plato fuerte» musical.

Las introducciones suelen estar construidas armónicamente girando en torno al acorde de dominante y las codas (literalmente del italiano, *cola* del animal musical, lo que está al final) sobre el acorde de tónica; aunque existen muchas otras opciones, desde comienzos y finales estereotipados, especie de «corta-pega» típicos de muchos estilos, hasta modulaciones complejas que produzcan un vaivén emocional rápido hasta llevar al tono que cree sensación de reposo o resolución. Dinámicamente en los finales es interesante realizar *diminuendos* o *faders*.

7.10. Ejemplo práctico de aplicación de contenidos

A continuación se exponen una serie de progresiones interesantes susceptibles de ser utilizadas para crear una canción en el tono de *re* M:

- Ciclo de quintas descendente: se pueden usar partes de esta correlación, varios consecutivos, no necesariamente todos:
- D G C#dim F#m Bm Em A7 D

- Enfatizaciones VII I, crearán interés armónico al salirse de las «rutas» habituales:
- C#dim D
- D#dim Em
- E#dim F#m
- F#dim G
- G#dim A
- A#dim Bm

- Enfatizaciones II> I, ofrecen el «toque modal», diferente, dan variedad:
- Eb7 D
- F7 Em

- G7 F#m
- Ab7 G
- Bb7 A
- C7 Bm

- Progresiones II V I, enlace típico, generalmente se repite el último acorde para generar cuadratura (muchas veces cuatro compases se relacionan con un verso), tres acordes y uno dos veces: II V I I:
- E (distintos tipos: menor, Mayor o disminuido) A7 D
- F#m o dim B7 Em
- Am D7 G
- Bm E7 A

Variante: otra manera de «cuadrar», de relacionar eufónicamente cuatro acordes en cuatro compases es VI (menor, Mayor o disminuido) II V I (como en el ciclo de quintas escrito arriba).

- Acordes para dar «color»: Edim, E7b9, Eb/G (napolitana), F#, Gm, Gm7(b5), Bb...

- Tonos sugeridos para modular en el estribillo (mediante y submediante): hacia F, F#m, Bb y Bm. (Más infrecuente hacia Fm, F#, Bbm y B).

- Algunas cuadraturas para introducciones (terminan en V, *la* M y dan paso a la tónica, *re* M):
- F#7 Bm E7 A9
- F#m G G#dim7 Asus4
- C7 Bm Bb7 A7(b9)

- Algunas cuadraturas interesantes comenzando por el acorde de IV, *sol* M:
- G D/F# Em A7
- G7 F#m F7 Eb7
- G Gm Edim7 A7
- G F#7 Bm C#dim7

8

UTILIZANDO LAS NUEVAS TECNOLOGÍAS PARA MEJORAR TU IMPROVISACIÓN

Uno de los retos de la educación del siglo XXI, en términos generales, es la alfabetización tecnológica referida al desarrollo de conocimientos y habilidades tanto instrumentales como cognitivas relacionadas con la información transmitida a través de las nuevas tecnologías.

En el mundo de la educación musical existen ya infinidad de recursos digitales que pueden emplearse para el desarrollo y la ejercitación de las diferentes capacidades musicales. El hecho de que las personas estén en permanente contacto con la tecnología no implica que sean ni conocedores ni usuarios de la misma y es por ello que debe procederse a sistematizar tanto el conocimiento como el uso para lograr un determinado objetivo.

Las habilidades que se pueden ejercitar en cuanto a la formación musical son: la búsqueda de información, perfeccionar la escucha musical, escribir música y editar audios y vídeos.

8.1. Búsqueda de información

El improvisador tiene a su disposición en la red una gran cantidad de material que le será de gran ayuda. En primer lugar podrá hallar partituras, arreglos, letras y acordes de canciones. Con este material puede familiarizarse con determinados tipos de estilos y escrituras musicales y entender cómo se estructuran estos. El análisis musical le permitirá profundizar y comprender más cómo varían los diferentes elementos musicales de un estilo a otro.

INVESTIGA 15: "Buceando en un mar estilístico"

Partitura, *score, sheet music,* acordes, *chords, lyrics, arrangements,* transcripciones, bibliotecas digitales, estilos musicales, *standards, real books, musicmap.*

Encontrarás también información escrita (textos) en libros, revistas, blogs sobre música y aulas virtuales… que te ofrecerán la posibilidad de ampliar conocimiento y entender los procesos creativos así como las maneras de hacer música en las diferentes culturas.

INVESTIGA 16: "Surfing musical"

Planetas de blogs, metaplanetas, blogs de música, blogs de improvisación musical, blogs de creatividad musical, procesos creativos, tesis doctorales, repositorios de tesis, actas de congresos, asociaciones de profesores de música, *mooc.*

Por último, y ya han venido para quedarse, tenemos los tutoriales en vídeo o en audio que ofrecen ejemplos musicales y maneras de realizar paso a paso una determinada actividad. En el caso de la improvisación, hallarás vídeos que explican rudimentos y elementos que después podrás ir ensamblando en tu práctica.

> (🔍) INVESTIGA 17: **"Caminando sobre hombros de gigantes"**
>
> *Podcasts*, tutorial de música, blogs de música, video blogs, guías de música, autoaprendizaje, *tips*.

8.2. Escuchar música

El desarrollo del oído musical se produce de una manera multivariable y la capacidad de escucha y de discriminación progresiva de las sutilezas sonoras se obtiene con el tiempo. Para ello es necesario incluir actividades de manera constante en el tiempo y variadas. Las actividades que van a favorecer este desarrollo auditivo son:

❧ ❧ ❧ ❧ ❧ ❧

EXPLORA 72: **"Versiones de una misma obra"**

El ejercicio consiste en seleccionar una determinada pieza, tema, canción, movimiento u obra y escuchar en qué varía una interpretación determinada de otra (*covers*). Algunas sugerencias para que prestes atención progresiva a estas variaciones son:

- Preliminares: autor, fecha de nacimiento/muerte en su caso y composición o grabación, número de catalogación, edición, país, número de partes, instrumento/s.
- Comienzo: ¿tético, acéfalo, anacrúsico?
- Tono y modo: ¿mayor (jónico), menor (eolio), tipo de escala menor, otros modos?

- Tempo, aire o velocidad: ¿cuál es más rápida?, ¿por qué?
- Análisis rítmico: compás: ¿tipo, simple, compuesto, de subdivisión binaria o ternaria? Motivos rítmicos característicos: ¿células características (que se suelen repetir)?, ¿notas a contratiempo, síncopas, hemiolias, polirritmias?
- Agógica: ¿cambios de tempo?, ¿acelera el pulso (*accelerando*) o desacelera (*ritardando*)?, ¿cuándo?, ¿están en similar proporción (*rubato* estructural)?
- *Rubato* melódico: ¿se escucha a algún intérprete o alguna voz si es una obra de piano solo, que «fluctúe», por ejemplo, la melodía?, ¿comienza un poco antes o después respecto a la partitura?
- Melodía: ¿motivos, uno o varios, superpone, yuxtapone, repite, contrasta o desarrolla, variaciones de las ideas, invierte, retrograda, ambas, aumenta, disminuye, trunca...?, ¿tipo de fraseo, simetría, cuadratura, pregunta-respuesta, interválica, tesitura aguda, central o grave...? Tipos de finales melódicos: ¿sobre tiempo fuerte o débil?
- Análisis dinámico o de las variaciones de intensidad: ¿más fuerte, más piano (suave), acentos, *crescendos*, *diminuendos*, grandes o pequeños, más al principio o al final de la idea musical, planos sonoros más o menos diferenciados (una voz más fuerte que otra), cuántos? ¿dinámica en terrazas?
- Análisis armónico: ¿notas pedales, bordones, acordes característicos, clímax, enfatizaciones, modulaciones, cadencias (perfectas, plagales, rotas, semicadencias), progresiones, relaciones tonales entre movimientos?
- Pedalización: ¿mayor uso, menor uso, izquierdo, tonal?
- Articulación: ¿más ligado, más *staccato*, *portato*, mixta?
- Ornamentación: ¿superior, inferior, apoyaturas, mordentes, en o antes del pulso?

- Textura: ¿melodía acompañada, acordal y homofónica, imitativa o contrapuntística, otras, mixta, cambios?, ¿movimiento predominante (paralelo, contrario, oblicuo)?
- Forma: ¿dónde están los puntos articulatorios (momentos de grandes cambios como silencios más o menos largos en todas las partes o voces, dobles barras, de repetición o no?, ¿tema principal, transición, puente soldadura, tema secundario, coda?, ¿monotemática, bitemática, tritemática?, ¿forma bipartita, tripartita...?
- Otros: ¿intérprete, carácter, género (intención de: puro, descriptivo, programático), notas de expresión, duración, final en suave o *forte*?

᪣ᨆ ᪣ᨆ ᪣ᨆ ᪣ᨆ ᪣ᨆ ᪣ᨆ

EXPLORA 73: "Estilos musicales"

Está claro que uno se acerca a la música porque tiene una preferencia por descubrir los entresijos de un determinado estilo musical (clásico, moderno o popular). Sin embargo, abrir la mente y escuchar otros estilos proporcionará al improvisador ideas nuevas e incluso la necesidad de expresarse a través de fusiones o hibridaciones de varios de estos estilos. Puedes prestar atención a los ítems del ejercicio anterior aplicados a los siguientes estilos, entre otros:

- Clásicos: por ejemplo, música medieval, renacentista, barroca, clásica, romántica, nacionalista, impresionista, neoclásica, serial, aleatoria y estilos contemporáneos diversos.
- Modernos: rag o ragtime, jazz, boogie, swing, blues, rhythm and blues, rock, country, pop, funk, rap, hip hop, reggae, ska, latin, dance, tecno, heavy, punk, new age y un largo etcétera.
- Populares: tango, bolero, salsa, samba, bossa nova, ranchera, mambo, merengue, flamenco, folk, calipso,

polka, jota, vals, sirtaki, tarantela, fado, copla y un nutri-
do etcétera.

❧ ❧ ❧ ❧ ❧ ❧

EXPLORA 74: "**Músicas del mundo**"

La música está presente en todas las culturas. Entender diferentes concepciones de la misma, sistemas de notación
(tanto rítmicos como melódicos), escalas, texturas, instrumentos y procesos de aprendizaje, ayudará al improvisador
a sistematizar su propio conocimiento y a ser capaz de
acercar o ampliar el foco, es decir, tener una visión más
concreta o más global del fenómeno musical. Las llamadas
músicas del mundo, estudiadas por la etnomusicología,
son las pertenecientes a diferentes culturas, y, a grandes
rasgos, se pueden citar como especialmente características:

- Música india
- Música china
- Música japonesa
- Música árabe
- Música africana
- Música iberoamericana
- Música indonesia

❧ ❧ ❧ ❧ ❧ ❧

🔍 INVESTIGA 18: "**Educación auditiva**"

Es esencial aprender a sistematizar el conocimiento musical a través de la comprensión de los intervalos, las escalas, los ritmos, los acordes, sus progresiones, las cadencias, etcétera, y para ello existen hoy en día herramientas tecnológicas que permiten su práctica progresiva y secuenciada. Realiza una búsqueda de las siguientes palabras clave: dictado melódico, armónico rítmico, a una voz, a dos voces, discriminación auditiva, midis, blogs de lenguaje musical, lectura musical, ejercicios auditivos, teoría musical, modos, reconocimiento auditivo, bases rítmicas.

❧ ❧ ❧ ❧ ❧ ❧

EXPLORA 75: "**Estudio con karaoke**"

La proliferación en la red de bases musicales sin la melodía (*minus one*, karaoke, pistas...) nos ofrece una herramienta poderosa para ejercitar la práctica de la improvisación melódica, ya que el músico tiene que ceñirse a un tempo, una armonía y una forma dadas. La improvisación con karaokes facilitará una posterior práctica de improvisación en grupo, como puede darse, por ejemplo, en el jazz. También ayudará a mejorar la capacidad de mantener el pulso, mejorar la medida, la capacidad de anticiparse muscularmente, memorizar una estructura armónica, agilizar la velocidad del pensamiento musical y ajustar la coordinación oído-mano. Como actividades con bases pueden realizarse: tocar cuatro compases y guardar silencio otros cuatro; después, ídem con dos, con uno y con medio compás (en caso de compases binarios o cuaternarios); tocar la melodía con la mano izquierda; alternar la melodía de una mano a otra;

ajustarse a la dinámica de la grabación especialmente si es cambiante; ir probando distintas figuras rítmicas (por ejemplo, blancas, negras, corcheas, corcheas con swing, tresillos, semicorcheas, etcétera, creando «historias», es decir, como si se contase un cuento pero en el propio lenguaje musical).

꒰ ꒱ ꒰ ꒱ ꒰ ꒱

EXPLORA 76: "Analizar la música con la partitura"

Puede ser de gran ayuda para entender y sobre todo asociar aquello que se oye con la escritura musical, escuchar una determinada obra con la partitura delante o recurrir a tutoriales (vídeos o partituras previamente analizados) de análisis de partituras que guían en este proceso al estudiante/investigador. Analizar sin partitura lo oído, analizar en la partitura y leer partituras no analizadas pero intentando buscar su coherencia, forma, sentido, estructura... son actividades que mejorarán la inteligencia musical global del improvisador.

꒰ ꒱ ꒰ ꒱ ꒰ ꒱

8.3. Escribir música

Un improvisador es un creador y sus creaciones se producen de manera instantánea, pero previamente tiene que haber un bagaje mental y psicomotriz sobre aquellos elementos que utiliza. Resulta de gran ayuda emplear los editores de partituras para profundizar en el conocimiento del lenguaje musical. Los editores de partituras permiten a través del uso de teclados midi plasmar por escrito en tiempo real aquello que se está improvisando, de manera que uno pueda comprobar el resultado sonoro de lo que ha tocado e incluso tener un archivo de las improvisaciones que se van haciendo para después escucharlas y recuperar parte de las ideas generadas.

Otro uso de los editores de partituras es la generación de archivos de sonido midi sobre los cuales se podría improvisar, tal y como hemos explicado al hablar del estudio con karaokes, solamente que en este caso la base la genera el propio músico.

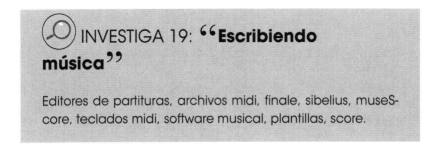

INVESTIGA 19: "Escribiendo música"

Editores de partituras, archivos midi, finale, sibelius, museScore, teclados midi, software musical, plantillas, score.

8.4. Editar audios y vídeos

Los dispositivos electrónicos de grabación de audio y/o vídeo disponibles y al alcance hoy en día de cualquier persona ofrecen un sinfín de posibilidades de aprendizaje para aquellos que se inician en el mundo de la improvisación, que van desde la valoración de los progresos (grabando las sesiones de improvisación para después analizarlas auditivamente y concretar qué aspectos se pueden desarrollar, mejorar, añadir, eliminar, etcétera), hasta la posibilidad de compartir con el público la experiencia de la creación en vivo.

INVESTIGA 20: "Editando música"

Bandcamp, cubase, audacity, itunes, protools, logic, imovie, windows movie maker, youtube, autodesk, nero vision, openShot video editor, final cut studio.

8.5. Apps de teclado para la improvisación

Las aplicaciones para móviles y tabletas digitales son programas que se instalan en estos dispositivos y pueden ser gratuitos o de pago, o versiones gratuitas básicas y de pago con más opciones y potencialidades (*premium*), que están destinados a realizar una función muy específica. En el mundo de la música se han desarrollado y se siguen desarrollando cada día muchas de ellas con diferentes finalidades. Para el improvisador suponen un recurso de primer orden muy accesible, ya que pueden emplearse en cualquier lugar para capturar un determinado momento creativo, apoyarse en ellas para explorar, para practicar o para evaluar los progresos.

Entre las más comunes tenemos:

8.5.1. Grabadoras de audio y/o vídeo

Embárcate en un viaje de exploración de ideas musicales y grábalas; seguro que con el tiempo las podrás desarrollar, ya sea armónicamente, rítmicamente, cambiando texturas, estilos, etcétera. Además crear tu propio banco o biblioteca de ideas te dará con el tiempo una visión en perspectiva de tu mejora.

8.5.2. Metrónomos

Con ellos puedes trabajar la improvisación en base a un pulso dado y la agilidad mental. El reto es no parar. Comienza a pulsos lentos, en los que te sientas más cómodo y prueba tus límites poco a poco incrementando la velocidad. Es un trabajo que prácticamente no finaliza nunca. Siempre hay posibilidad de mejora.

8.5.3. Teclados digitales

Hay muchos y muy diversos. Te pueden servir para explorar tímbricas en cualquier lugar. Combina dos de ellos, uno en cada mano. Los hay que permiten *loops* sobre los que superponer nuevas ideas musicales. Una variante interesante son los controladores y *pads* (drum pads, rhythm pads), en los que se sustituyen las teclas por iconos, botones electrónicos (muchas veces de forma cuadrada) que se iluminan cuando se activan. Puedes superponer sonidos preexistentes o de tu propia inventiva.

8.5.4. Ecualizadores y mesas de efectos

La industria musical desarrolla apps que te permitirán añadir *a posteriori* o incluso lanzándolos en tiempo real interesantes efectos tímbricos (reverberaciones varias —*plate, room, chamber*—, inclusión de ruidos diversos, *chorus*, roce de aguja en disco de vinilo, *flanger, delay*...). Todo un mundo para explorar. Tu música puede sonar en mono o estéreo o en más de dos altavoces. Poder ofrecer sensaciones de que la fuente emisora no es estática, se mueve a distintas velocidades de un oído a otro activa una de las capacidades psicológicas primitivas: saber dónde se encuentra algo, si se dirige hacia ti y a qué velocidad, algo que desde que nacemos usamos. La localización por el sonido es un parámetro interesantísimo para desarrollar y trabajar. Citemos solo el efecto Doppler. Gracias a un ecualizador puedes determinar qué tipo de mezcla en cuanto a intensidad percibirá tu oyente, y no es lo mismo estar situado cerca que lejos del intérprete, o moviéndose alrededor de él a distintas velocidades o acercarse o alejarse, lo cual dota a la música de una simulada característica «espacial».

8.5.5. Práctica de escalas

Si quieres ir más allá de las sonoridades habituales o más comunes hay aplicaciones con escalas predefinidas y otras con las que puedes crear tú mismo una nueva escala al variar la posición de tonos y semitonos. Algunas, en vez de dividir la escala en doce semitonos, ofrecen la posibilidad de hacerlo en veinticuatro (cuartos de tono), lo cual supone un trabajo auditivo muy recomendable. Estas te permitirán explorar sonoridades al margen de las tradicionales, incluso fuera del temperamento igual.

8.5.6. Transcripción de melodías cantadas

Además de poder convertir tu voz en otros instrumentos, por si quieres usarla en tiempo real junto con tus improvisaciones al teclado, existen aplicaciones que pueden aparte de grabar, pasar a partitura tus ideas melódicas en caso de que te encuentres sin instrumento. Si estás bloqueado sobre las armonías que puedan conjugar con una melodía es posible que la aplicación que cito en el siguiente ítem pueda ayudarte.

8.5.7. Transcripción de acordes

Existen aplicaciones que sobre una grabación muestran los acordes y los extraen ya sea en tablatura para guitarra o en distintos cifrados (americano y latino). Si quieres improvisar sobre una canción de la cual no conoces sus acordes puedes usarlas. Harmonizator, por otro lado, crea acordes sobre líneas monofónicas.

ANEXO

1. Videografía: aprendiendo de grandes improvisadores

En esta selección personal de vídeos ofrecidos en forma de lista de reproducción de Youtube de acceso libre y gratuito se ofrecen más de un centenar de vídeos de magníficos improvisadores en los que el lector se podrá nutrir e inspirar de buenos ejemplos.

Incluye varios vídeos tutoriales explicativos de improvisación en distintos estilos con ejemplos de acompañamientos, técnicas y procedimientos. No están todos los que son pero sí que son todos los que están. Esto puede ser el comienzo de tu proceso de descubrimiento de nuevas ideas musicales.

https://www.youtube.com/playlist?list=PLzPnGF6yfLB9TVLf3LFJ HEITRbyGVzzDB

2. Blog de creatividad y piano del autor

En este apartado te quiero invitar a conocer las últimas aportaciones sobre creatividad y piano (que incluye frecuentes publicaciones sobre improvisación) que escribo.

Hay una pestaña dedicada específicamente a improvisación; pulsando sobre ella descubrirás más recursos y posibilidades. En ella he incluido una decena de vídeos de mi autoría sobre estilos e improvisación que espero que te puedan ser de ayuda para profundizar en el apasionante mundo de la música creada en tiempo real.

http://elblogdelacreatividadalpiano.blogspot.com.es

EPÍLOGO

Imagina que a partir de ahora la música fuese como un chicle. Y siguiendo la comparación:

- Hay chicles pequeños y grandes.
- Hay chicles de diversos colores.
- Hay chicles con más y con menos ingredientes (y no por ello son mejores que una u otra tipología).
- Hay chicles cuadrados y circulares.
- Hay chicles fácilmente elásticos y más compactos, pero siempre maleables.

¿Y tú? ¿Qué tipo de chicle consumes? ¿Siempre el mismo? ¿Qué aburrimiento, no? Por cierto, si fabricaras chicles: ¿no te gustaría hacer uno diferente cada día para ti?

Ya sabes: explora, juega, investiga, prueba, cambia, varía, intercala, deforma, gira, vuelca, desplaza, retrograda, inserta, amplía, desarrolla, vacía, combina, altera… en tu chicle y en tu vida musical.

Y más importante aún que eso: sé tú, siéntelo, vívelo con pasión y disfrútalo. Exprésate con valentía, cuenta historias musicales a diario. Que tu música sea una experiencia nueva diaria que te permita dejarte llevar, fluir, volar; una chispa eléctrica que encienda día a día tu motivación musical y la llene de pasión… En dos palabras, improvisa y sé creativo, o debería decir, «chiclativo». ¡La improvisación musical será una de las herramientas para alcanzar tu éxito!

ÍNDICE DE ACTIVIDADES

GLOSARIO

Acento: Incremento de intensidad sobre una nota o acorde.

Acompañamiento: Parte musical que realza o apoya la melodía.

Acorde: Superposición de notas que suenan al mismo tiempo.

Agógica: Graduación de la duración de los sonidos.

Agudo: En el registro superior del instrumento.

Aire: *Ver* Tempo.

Armonía: Estudio de los acordes. Sentido vertical de la música.

Armónicos: Resonancias agudas que coexisten con el sonido fundamental.

Arpegio: Ejecución sucesiva de las notas de un acorde.

Bajo: Nota o parte más grave de una composición.

Bemol: Signo musical que baja la altura de la nota un semitono.

Bordón: Nota grave y/o quinta mantenida.

Cadencia: Literalmente, del verbo *caer*. Resultante armónico de finalizar una frase.

Célula: Elemento mínimo constitutivo de una idea musical.

Cifrado: Sistema abreviado de notación de acordes.

Clúster: Acorde disonante por superposición de notas contiguas.

Coda: Literalmente, cola. Final de una obra.

Compás: Relación de pulsos en torno a un acento.

Consonancia: Concepto relativo sobre el grado de sensación de estabilidad o reposo de un acorde.

Contrapunto: Técnica referida a la combinación entre líneas melódicas independientes. Sentido horizontal de la música. Por extensión, segunda voz.

Crescendo: Aumento progresivo del volumen.

Cromático: Ascendiendo o descendiendo por semitonos.

Densidad: Número de notas diferentes sonando simultáneamente.

Diatónico: En función del orden de una escala de siete notas.

Digitación: Numeración de la relación dedo-tecla.

Diminuendo o *decrescendo*: Opuesto a *crescendo*.

Dinámica: Graduación del volumen o intensidad de los sonidos.

Disonancia: Opuesto a consonancia.

Dominante: Quinto grado.

Duración: Tiempo durante el que suena un sonido.

Eco: Reflexión del sonido. Por extensión, repetición de un fragmento con menor intensidad y/o una o varias octavas más agudo.

Enarmónico: De distinto nombre e igual sonido.

Escala: Organización de sonidos, esquema sucesivo de notas.

Esquema (armónico): Encadenamiento o sucesión de acordes.

Extensión: Distancia entre l nota más grave y la más aguda.

Forma: Plan o disposición de una obra musical.

Frase: Unidad melódica, armónica o rítmica dotada de sentido completo.

Frecuencia: Número de vibraciones de un sonido (Hz), que determina su altura, tono (por extensión, la nota).

Fundamental: Frecuencia más grave de un sonido o nota que da nombre a un acorde.

Glissando: Literalmente, resbalando. Recorrer rápidamente las teclas blancas y/o negras.

Grado: Posición específica de un sonido dentro de una escala.

Grave: En el registro inferior del instrumento.

Homofonía: Relativo a distintas voces con el mismo ritmo.

Intervalo: Distancia o relación entre notas.

Justo/a: Valor del intervalo tonal (de cuarta, quinta u octava) no alterado, conforme a la distancia natural en la escala diatónica desde *do* en teclas blancas (jónica). En el caso de la quinta: tres tonos y medio.

Legato: Sonidos unidos entre sí.

Loop: *Sample* o bucle, fragmento repetido con sensación de continuidad, similar al *ostinato*.

Mayor: Distancia interválica en las escalas diatónicas Mayores (jónicas) de 2.ª, 3.ª, 6.ª y 7.ª, un semitono más agudas que en las diatónicas menores (eólicas). En el caso de la tercera: dos tonos.

Melodía: Sucesión lineal de sonidos con significado propio.

Menor: Opuesto a Mayor. Distancia interválica en las escalas diatónicas menores (eólicas) de 2.ª, 3.ª, 6.ª y 7.ª, un semitono más graves que en las diatónicas Mayores (jónicas). En el caso de la tercera: un tono y un semitono.

Moderato: A velocidad o tempo moderado, ni rápido, ni lento.

Modales: Los grados que no son tonales.

Modo: Patrón melódico que se usa como modelo. Por extensión, tipo de escala musical. Figuradamente, escala antigua y/o étnica.

Motivo: Idea o figura breve melódica o rítmica de diseño característico.

Natural: Sin alteraciones, ni bemol ni sostenido. Tipo de escala en el modo menor que sigue el patrón de las teclas blancas comenzando desde *la*.

Nota: Signo que representa un sonido determinado por una frecuencia de vibración constante.

Octava: Intervalo de ocho grados, con mismo nombre de nota a doble o mitad de frecuencia.

Ostinato: Sucesión de secuencia de notas (fórmula melódica) que se repite exactamente con cierta insistencia.

Pedal: Dispositivo del instrumento que se interpreta con el pie. Nota repetida o prolongada mientras las restantes forman distintas figuraciones que pueden ser ajenas a la armonía.

Registro: División en zonas de la extensión de un instrumento (extremo grave, grave, medio o central, agudo, extremo agudo).

Ritmo: Movimiento definido por su recurrencia o regularidad (en cuanto a los valores o duraciones).

Rondó: Forma musical que alterna un estribillo (material musical más o menos fijo) con una estrofa (material cambiante).

Rubato: Más o menos sutil elasticidad rítmica y/o métrica.

Semitono: Distancia equivalente a la mitad de un tono. (En el piano distancia entre teclas blancas y negras contiguas y entre *mi-fa* y *si-do*).

Sonata: Estilo y forma musical basado en el contraste entre dos o más temas.

Sostenido: Opuesto a bemol. Signo musical que sube un semitono la altura de la nota.

Staccato: Sonidos separados entre sí.

Subdominante: Cuarto grado.

Tempo: Grado de velocidad con el que se ejecuta un fragmento musical.

Textura: Tejido, urdimbre de las líneas musicales.

Timbre: Configuración armónica o de formantes de un sonido que le da su cualidad característica o color. Por extensión, instrumento (diferenciado de otro).

Tonales: Los grados primero, cuarto y quinto.

Tonalidad: Conjunto de relaciones que se establecen en torno a la tónica.

Tónica: Primer grado.

Tono: Distancia interválica de dos semitonos. Percepción de la de frecuencia estable de un sonido (diferenciándose de más agudo o grave).

Transcripción: Escritura en notación musical, paso a partitura de una obra que no existe escrita.

Tremolo: Literalmente temblor, repetición rápida de una o distintas notas a distancia igual o mayor de tercera menor.

Trino: Repetición rápida de notas contiguas.

Unísono: Dos sonidos de igual altura.

Variación: Técnica compositiva consistente en transformar una melodía, modificarla conservando o no su caracterización rítmica y/o armónica.

Voicing: Disposición de las voces en el acorde.

BIBLIOGRAFÍA

Adán, P., *Rock marketing*, SCLibro, Madrid, 2014.

Aebersold, J., *How to play jazz and improvise*, JAJY, EE.UU., 1967.

Agay, D., *Teaching piano. A comprehesive guude and reference book for the instructor*, vol. I, Yorktown Music Press, Nueva York, 1981.

Alchourron, R., *Ad libitum. Elementos de improvisación lineal*, Ricordi, Buenos Aires, 1998.

Atunes, C., *Estimular las inteligencias múltiples*, Narcea, Madrid, 2004.

Alonso, C., *Enseñanza y aprendizaje de la improvisación libre*, Alpuerto, Madrid, 2014.

Ball, P., *El instinto musical*, Turner, Madrid, 2010.

Bastien, J. W., *How to teach piano succesfully*, Kjos, California, 1988.

Bayles, D., y Orland, T., *Art & Fear, Observations on the period (and rewards) of artmaking*, Capra Press, Santa Bárbara, 1994.

Blanning, T., *El triunfo de la música*, Acantilado, Barcelona, 2013.

Byrne, D., *Cómo funciona la música*, Reservoir Books, Barcelona, 2014.

Camacho, C., *Armonía e instrumentación, Guía para el moderno arreglista con los mejores ejemplos de la música americana*, Real Musical, Madrid, 1993.

Catalán, S., y Sarrias, M., *Mapa de procesos de un concierto*, Atalaya Proyecto, Cádiz, 2007.

Coso, J. A., *Tocar un instrumento*, Música Mundana, Madrid, 2002.

Desportes, Y., y Bernaud, A., *Manual práctico para el reconocimiento de los estilos*. Real Musical, Madrid, 1995.

Fernández, L., «El flamenco en la música nacionalista española: Falla y Albéniz,» *Revista Música y Educación*, n.º 65, Madrid, 2006.

Flors, D., *Armonijazz*, Impromptu, Picanya, 2014.

Frank, B., *Rhythm-Styles for Piano (Band 1&2)*, Schott, Mainz, 1996.

Galiana, J. L., *La emoción sonora, De la creación electroacústica, la improvisación libre, el arte sonoro y otras músicas experimentales*, Piles, Valencia, 2014.

Gallway, T., y Green, B., *The inner game of music*, Doubleday, Nueva York, 1986.

Gamboa, J. M., y Núñez, F., *Flamenco de la A la Z, diccionario de términos del flamenco*, Espasa, Barcelona, 2007.

García, R., *Cómo preparar con éxito un concierto o una audición*, Robinbook, Barcelona, 2015.

Gawain, S., *Visualización creativa*, Sirio, Málaga, 2003.

Green, B., *The mastery of music, Ten Pathways to True Artistry*, Broadway Books, Nueva York, 2003.

Grout, D. J., y Palisca, C. V., *Historia de la música occidental* (2 vols.), Alianza, Madrid, 2006.

Heatley, M., y Brown, A., *Sheet Piano Music*, Flame Tree Publishing, Fulham, Londres, 2009.

Hemsy de Gainza, V., *La improvisación musical*, Ricordi, Buenos Aires, 1983.

Herrera, F., y Weber M., *Danzas*, Piles, Valencia, 2003.

Houghton, S., y Warrington, T., *Latin. Improvise with today's top artists!*, Alfred Publishing Co., California, 1994.

Kühn, C., *La formación musical del oído*, Idea Música, Barcelona, 1985.

Lario, M., *Iniciación al Piano Jazz en 3D, Método para la iniciación del jazz al piano. Solfeo + Digitaciones (libro más cd más dvd)*, Play Music Publishing, 2007.

Levine, M., *El libro del Jazz piano*, Sheer Music Co., California, 2003.

Marano, N., *Musicianship for the jazz vocalist* (libro más cd), advance music, Mainz, 2013.

Marsalis, W., y Ward, Geoffrey C., *Jazz. Cómo la música puede cambiar tu vida*, Paidós, Barcelona, 2012.

Martí, J. M., *Ser músico y disfrutar de la vida*, Robinbook, Barcelona, 2014.

—, *Aprendizaje musical para niños. Metodologías y sistemas pedagógicos de la didáctica musical*, Robinbook, Barcelona, 2015.

Martínez, A. M., «Breves consideraciones sobre las relaciones existentes entre pensamiento, escritura y praxis pianísticos», *Revista Ad Libitum*, Valencia, 1996.

—, *Piano Creativo* (2 vols.), Rivera, Valencia, 1998.

—, *Improvisación para piano (Albéniz)*, Rivera, Valencia, 2000.

—, *Improvisaciones (Granados/Albéniz)*, Boileau, Barcelona, 2006.

— (coord.), *Creatividad e improvisación para la vida personal y profesional*, Lulú, EE.UU., 2011.

—, *Esquemas armónicos*, Lulú, EE.UU., 2014.

Molina, E., «Improvisación y educación musical profesional», *Revista Música y Educación*, n.° 1, Madrid, 1988.

Motte, D. de la, *Armonía*, Labor, Barcelona, 1989.

Nettl, B., y Russell, M. (eds.), *En el transcurso de la interpretación, Estudios sobre el mundo de la improvisación musical*, Akal, Madrid, 2004.

Norton, C., *Essential Guide to latin styles*, Boosey & Hawkes, Londres, 1996.

Novak, J. D., y Gowin, D. B., *Aprendiendo a aprender*, Ediciones Martínez Roca, Barcelona, 2002.

Núñez, F., *Comprende el flamenco*, RGB Arte Visual, Madrid, 2004.

Ortega, J. A., y Chacón, A. (coords.), *Nuevas tecnologías para la educación en la era digital*, Pirámide, Madrid, 2007.

Persichetti, V., *Armonía del siglo xx*, Real Musical, Madrid, 2001.

Reger, M., *Contribuciones al estudio de la modulación*, Real Musical, Madrid, 2006.

Robinson, K., *El elemento*, Penguin Random House, Barcelona, 2012.

Schoenberg, A., *Funciones estructurales de la armonía*, Labor, Barcelona, 1990.

Seashore, C. E., *Psicology of music*, Dover, Mineola, 1967.

Toch, E., *La melodía*, Labor, Barcelona, 1994.

Vigotsky, L. S., *La imaginación y el arte en la infancia*, Akal, Madrid, 2009.

VV. AA., *Atlas de música*, Alianza, Madrid, 1998.

—, *Play with... great jazz standards*, Éditions Musicales Françaises, Courbevoie, 1999.

—, *Buenas prácticas para la educación musical*, Eufonía, Didáctica de la música, n.° 47, Graó, Barcelona, 2009.

Waite, B., *Modern Jazz Piano: a study in harmony and improvisation*, Music Sales Corporation, EE.UU., 1992.

AGRADECIMIENTOS

A mis padres y abuelos, que hicieron muchos sacrificios para que pudiera estudiar piano. Mención especial a mi madre, por ponerme la cajita de música en el vientre e inculcarme el amor hacia la música.

A mis alumnos, por ayudarme a mantener viva día a día la chispa de la enseñanza del piano.

A mis profesores de piano —Pedro Salvatierra, auténtico demiurgo del sonido pianístico, y al catedrático Rafael Prieto Soler—, por espolear mi vocación hacia la música (ambos).

A mi editor, Martí Pallás, por depositar su confianza en mí.

A la pedagoga musical Isabel Villagar, por sus consejos y la revisión didáctica de esta obra.

A mi hija, por enseñarme tanto sobre cómo se construye una pasión por todo lo que suene...

En la misma colección Ma Non Troppo / Taller de:

Taller de música:

Cómo potenciar la inteligencia de los niños con la música - *Joan Maria Martí*

Ser músico y disfrutar de la vida - *Joan Maria Martí*

Aprendizaje musical para niños - *Joan Maria Martí*

Cómo preparar con éxito un concierto o audición - *Rafael García*

Técnica Alexander para músicos - *Rafael García*

Musicoterapia - *Gabriel Pereyra*

Cómo vivir sin dolor si eres músico - *Ana Velázquez*

El lenguaje musical - *Josep Jofré i Fradera*

Mejore su técnica de piano - *John Meffen*

Guía práctica para cantar - *Isabel Villagar*

Guía práctica para cantar en un coro - *Isabel Villagar*

Técnicas maestras de piano - *Stewart Gordon*

Cómo ganarse la vida con la música - *David Little*

Taller de teatro:

El miedo escénico - *Anna Cester*

La expresión corporal - *Jacques Choque*

Cómo montar un espectáculo teatral - *Miguel Casamayor y Mercè Sarrias*

Manual del actor - *Andrés Vicente*

Guía práctica de ilusionismo - *Hausson*

El arte de los monólogos cómicos - *Gabriel Córdoba*

Taller de escritura:

El escritor sin fronteras - *Mariano José Vázquez Alonso*

La novela corta y el relato breve - *Mariano José Vázquez Alonso*

Cómo escribir el guión que necesitas - *Miguel Casamayor y Mercè Sarrias*

Taller de comunicación:

Periodismo en internet - *Gabriel Jaraba*

Youtuber - *Gabriel Jaraba*

¡Hazlo con tu smartphone! - *Gabriel Jaraba*